KYUNG HEE KOREAN

경희한국어

중급

2

문법

경희한국어

중급 2 문법

초판 1쇄 인쇄 2020년 3월 23일
초판 3쇄 발행 2023년 5월 30일

지은이 신영옥 주상헌 오수진 김서현 길지수 도원숙
최문진 탁진영 김성용 윤연진 홍윤기
펴낸이 한균태
펴낸곳 경희대학교 출판문화원
일러스트 이미지포유

주소 서울 동대문구 경희대로 26
전화 02-961-0106~8
팩스 02-961-0291
설립 1960년 9월 16일 제5-8호
등록 1977년 11월 8일 제6-5호
홈페이지 www.khupress.com
전자우편 press@khu.ac.kr

ⓒ경희대학교, 2020

ISBN 978-89-8222-652-6 (14700)
978-89-8222-641-0 (14700) 세트

* 표제서체 ⓒ한국관광공사 경기도체

* 이미지 제공: 게티이미지뱅크, 게티이미지코리아

* 이 책에 사용된 모든 자료는 출처 및 저작권을 확인하고 정상적인 절차를 밟아 사용하였습니다. 누락된 부분이 있으면 이후 확인 과정을 거쳐 반영하겠습니다.

* 이 책은 저작권법에 따라 보호받는 저작물이므로 무단전재와 복제를 금지하며 이 책의 전부 또는 일부를 이용하려면 반드시 저작권자와 경희대학교 출판문화원의 서면 동의를 받아야 합니다.

KYUNG HEE KOREAN

경희한국어

중급 2

문법

경희대학교 출판문화원

머리말

경희대학교는 1993년에 한국어교육 과정을 개설한 이래 학습자가 한국어와 한국 문화를 재미있게 배울 수 있도록 노력해 왔다. 《경희한국어》 교재편찬위원회와 출판문화원은 그간의 교수 학습의 성과를 기초로 하여 《경희한국어》를 새롭게 출간한다.

이번에 출간하는 한국어 교재는 《경희한국어》 중급 1과 중급 2의 '문법', '듣고 말하기', '읽고 쓰기', 고급 1과 고급 2의 '문법', '듣고 말하기', '읽고 쓰기' 12권이다. 이로써 '첫걸음'을 시작으로 한 《경희한국어》 시리즈 총 19권을 완간하게 되었다.

'문법'은 학습자가 반드시 익혀야 할 문법 항목을 중심으로 학습 내용을 구성하였다. 연습 문제와 과제를 넉넉히 제시하여 해당 문법의 의미와 기능을 익히도록 하였으며 적절한 상황 맥락을 제시하여 문법 항목을 활용해 말하기 활동을 하도록 하였다.

'듣고 말하기'는 주제와 관련된 듣기 활동과 말하기 활동이 긴밀하게 연관되도록 구성하였다. 듣기를 통해 이해한 내용이 말하기의 주요 소재가 되도록 하였으며 다양한 상황을 제시하여 학습자가 스스로 응용하여 말할 수 있도록 내용을 짰다.

'읽고 쓰기'는 주제에 관한 읽기 활동과 쓰기 활동이 유기적으로 결합되도록 구성하였다. 학습자 수준에 부합하는 읽기 자료를 제공함으로써 한국어 텍스트에 대한 문식력을 키우도록 하였다. 더불어 읽기 텍스트를 모방하는 쓰기 활동뿐만 아니라 학습자가 자신의 문화적 배경, 경험, 지적 능력을 충분히 발현하여 쓰기 활동을 할 수 있도록 쓰기 과제를 구성하였다.

《경희한국어》 출간에 맞추어 《경희한국어》 교재편찬위원회는 경희사이버대학교와 함께 온라인 한국어 강의도 개발하였다. 학습자가 《경희한국어》 온라인 강의를 자율적으로 학습함으로써 보다 정확하고 유창한 한국어를 구사할 수 있도록 설계하였다. 아울러 학습자가 수동적인 자세에서 벗어나 능동적이고 적극적인 학습자로 성장해 나가도록 체계적이고 효율적인 모바일 LMS를 마련하였다.

마지막으로 《경희한국어》 집필위원과 출판문화원 교직원들께 고마움을 전한다. 이분들의 헌신이 없었다면 이 교재는 세상에 나오지 못했다. 교재 발간 시작에서 마무리까지 이분들의 손길이 가득하다. 아울러 《경희한국어》 출간을 물심양면으로 지원해 주신 학교 관계자들께도 깊이 감사드린다.

2020년 3월

경희대학교 《경희한국어》 교재편찬위원회

일러두기

경희한국어 중급 2는 한국어를 배우려는 성인 학습자를 위한 한국어 교재 6단계 중 네 번째 단계에 해당되는 교재이다. 이 책은 **경희한국어 중급 2 문법** 교재로 중급 한국어 학습자가 다양한 상황에서 의사소통을 할 때 정확한 문장을 구사할 수 있도록 구성하였다. 학습자가 접할 수 있는 일상적인 소재부터 친숙한 사회적 소재를 두루 다루어 상황에 따라 구어와 문어를 적절하게 사용할 수 있도록 하였다. 또한 단계적인 연습과 다양한 유형의 활동을 제시하여 의사소통 능력을 향상시키는 데 초점을 두었다. 이 책을 통해 학습자는 의사소통 상황에 맞는 문법을 맥락에 따라 정확하고 유창하게 발화할 수 있을 것이다.

이 책은 교실 수업 외에도 학습자 스스로 학습할 수 있도록 구성되어 있다. 자가 학습을 할 경우 **경희한국어 웹사이트**를 통해 다양한 상황과 맥락을 이해하고 표현할 수 있도록 MP3와 확장 자료를 지원하고 있다.

◆ 이 책의 주요 특징

01 일상생활을 포함한 친숙한 사회적 상황에서 사용되는 문법 항목 중 빈도가 높은 항목을 중심으로 50개를 선정하였다.

02 각 문법 항목은 **도입**>**의미 제시**>**연습**>**활동**으로 구성되어 있다. 문법의 의미를 추측할 수 있는 도입부터 상황에 맞는 활용 연습까지 단계적으로 학습이 이루어지도록 구성하였다. 이를 통해 학습자들은 담화 상황에 맞는 문법을 정확하고 유창하게 표현할 수 있을 것이다.

03 활동에서는 다양한 유형을 통해 해당 문법을 사용해 볼 수 있도록 하였다.

◆ 단원 구성

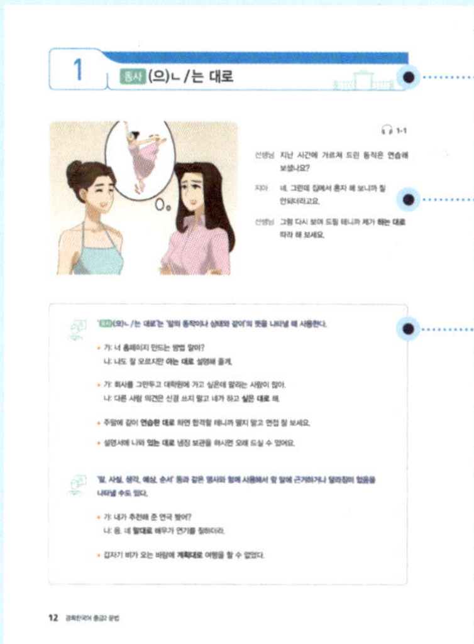

목표 문법 제시

학습할 문법을 제시하였다.

도입

해당 문법이 사용되는 전형적인 담화 상황을 그림과 함께 제시하여 문법의 의미를 추측할 수 있도록 하였다.

의미 제시

해당 문법의 의미를 설명하고 적절한 대화 및 예문을 제시하였다.

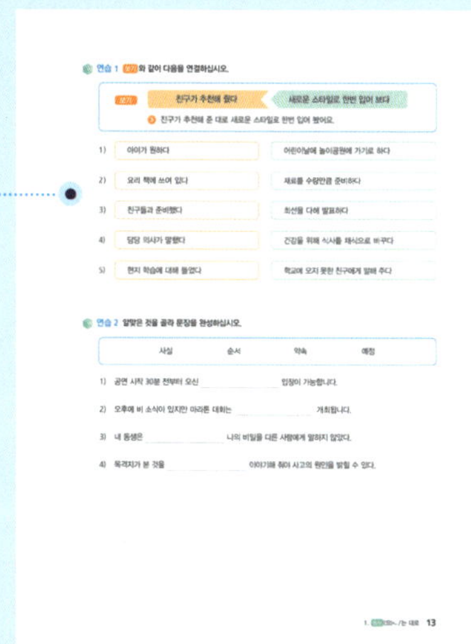

연습

연습은 목표 문법에 따라 형태적인 정확성을 추구한 연습에서부터 연결 연습, 완성 연습, 응답 연습 등 다양한 유형을 단계적으로 제시하였다.

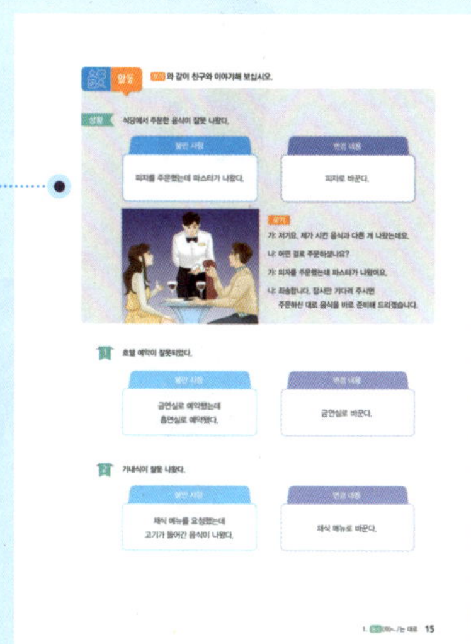

활동

실제 담화 상황에 맞는 대화나 발표, 게임 등 다양한 방법을 통해 목표 문법을 활용할 수 있도록 구성하였다.

등장인물

김은영
Kim Eunyeong
한국
한국어 선생님

자이튼 사닐
Zeitoun Sanil
터키
학생

레아 마르텡
Lea Martin
프랑스
학생

루카스 윌리엄스
Lucas Williams
미국
학생

응웬 티 흐엉
Nguyen Thi Huong
베트남
학생

장민
Zhang Min
중국
학생

최지아
Choi Jia
한국
대학생

한나 요한손
Hanna Johansson
스웨덴
학생

사토 나츠미
Sato Natsumi
일본
학생

이반 이바노프
Ivan Ivanov
러시아
학생

이준서
Lee Junseo
한국
대학생

리첸
Lee Chen
싱가포르
회사원

타냐 모코닌
Tanya Mokonin
에티오피아
회사원

박상진
Park Sangjin
한국
회사원

CONTENTS

차례

1 동사 (으)ㄴ/는 대로

1-1

선생님 지난 시간에 가르쳐 드린 동작은 연습해 보셨나요?

지아 네. 그런데 집에서 혼자 해 보니까 잘 안되더라고요.

선생님 그럼 다시 보여 드릴 테니까 제가 **하는 대로** 따라 해 보세요.

'동사 (으)ㄴ/는 대로'는 '앞의 동작이나 상태와 같이'의 뜻을 나타낼 때 사용한다.

- 가: 너 홈페이지 만드는 방법 알아?
  나: 나도 잘 모르지만 **아는 대로** 설명해 줄게.
- 가: 회사를 그만두고 대학원에 가고 싶은데 말리는 사람이 많아.
  나: 다른 사람 의견은 신경 쓰지 말고 네가 하고 **싶은 대로** 해.
- 주말에 같이 **연습한 대로** 하면 합격할 테니까 떨지 말고 면접 잘 보세요.
- 설명서에 나와 **있는 대로** 냉장 보관을 하시면 오래 드실 수 있어요.

'말, 사실, 생각, 예상, 순서' 등과 같은 명사와 함께 사용해서 앞 말에 근거하거나 달라짐이 없음을 나타낼 수도 있다.

- 가: 내가 추천해 준 연극 봤어?
  나: 응. 네 **말대로** 배우가 연기를 잘하더라.
- 갑자기 비가 오는 바람에 **계획대로** 여행을 할 수 없었다.

연습 1 보기 와 같이 다음을 연결하십시오.

보기 친구가 추천해 줬다 — 새로운 스타일로 한번 입어 보다

친구가 추천해 준 대로 새로운 스타일로 한번 입어 봤어요.

1)	아이가 원하다	어린이날에 놀이공원에 가기로 하다
2)	요리책에 쓰여 있다	재료를 수량만큼 준비하다
3)	친구들과 준비했다	최선을 다해 발표하다
4)	담당 의사가 말했다	건강을 위해 식사를 채식으로 바꾸다
5)	현지 학습에 대해 들었다	학교에 오지 못한 친구에게 말해 주다

연습 2 알맞은 것을 골라 문장을 완성하십시오.

사실 순서 약속 예정

1) 공연 시작 30분 전부터 오신 ____________ 입장이 가능합니다.

2) 오후에 비 소식이 있지만 마라톤 대회는 ____________ 개최됩니다.

3) 내 동생은 ____________ 나의 비밀을 다른 사람에게 말하지 않았다.

4) 목격자가 본 것을 ____________ 이야기해 줘야 사고의 원인을 밝힐 수 있다.

연습 3 알맞은 것을 골라 대화를 완성하십시오.

시키다	부탁하다	생각나다	정해지다

1) 가: 한국 요리 처음 배워 보는데 잘할 수 있을까?

   나: 걱정하지 마. 선생님이 ____________________ 하면 어렵지 않을 거야.

2) 가: 작년에 경주에 다녀왔다면서? 나도 곧 가는데 구경할 만한 곳 좀 추천해 줘.

   나: 그래? 오래전이라 기억이 잘 안 나는데 일단 ____________________ 알려 줄게.

3) 가: 첸 씨, 제가 아침에 말한 도시락은 주문했나요?

   나: 네. ____________________ 점심시간에 맞춰 주문했습니다.

4) 가: 제가 꼭 가 보고 싶은 곳이 있는데 여행 일정을 바꿀 수 있을까요?

   나: 죄송합니다. 패키지 여행이라서 ____________________ 다니셔야 합니다.

활동 보기 와 같이 친구와 이야기해 보십시오.

상황 식당에서 주문한 음식이 잘못 나왔다.

불만 사항	변경 내용
피자를 주문했는데 파스타가 나왔다.	피자로 바꾼다.

보기

가: 저기요. 제가 시킨 음식과 다른 게 나왔는데요.

나: 어떤 걸로 주문하셨나요?

가: 피자를 주문했는데 파스타가 나왔어요.

나: 죄송합니다. 잠시만 기다려 주시면
주문하신 대로 음식을 바로 준비해 드리겠습니다.

1 호텔 예약이 잘못되었다.

불만 사항	변경 내용
금연실로 예약했는데 흡연실로 예약됐다.	금연실로 바꾼다.

2 기내식이 잘못 나왔다.

불만 사항	변경 내용
채식 메뉴를 요청했는데 고기가 들어간 음식이 나왔다.	채식 메뉴로 바꾼다.

2 동사 (는/ㄴ)다니(요)?

2-1

장민 오늘은 필요 없는 물건을 좀 치우고 대청소를 하자.

이반 그래, 알겠어.

잠시 후

장민 이반, 여기 있는 오래된 책들은 이제 버린다.

이반 그 책들을 **버린다니**? 이제 구할 수도 없는 건데.

'동사 (는/ㄴ)다니(요)?'는 상대방의 말을 듣고 그 말에 동의하지 않거나 그 일이 뜻밖이라서 다시 확인할 때 사용한다.

- 가: 너는 정말 매운 음식을 잘 먹는 것 같아.
  나: 매운 음식을 잘 **먹는다니**? 매운 음식을 잘 못 먹어서 한국에서 생활하기가 힘든데.
- 가: 나츠미 씨, 이 정도 가격이면 저렴하지 않아요?
  나: **저렴하다니요**? 그것보다 싼 책장이 얼마나 많은데요.
- 가: 교수님, 저는 과제 제출이 오늘까지인지 몰랐습니다.
  나: 제출일이 오늘까지인지 **몰랐다니**? 지난번 수업 시간에도 말했는데.

'동사 냐니(요)?', '동작동사 (으)라니(요)?', '동작동사 자니(요)?'의 형태로도 쓸 수 있다.

- 가: 어젯밤에 잘 잤니?
  나: 잘 **잤냐니**? 밤새도록 네 코 고는 소리 때문에 한숨도 못 잤는데.
- 가: 오늘은 비자 신청이 끝났습니다. 내일 다시 와 주세요.
  나: 한 시간이나 기다렸는데 내일 다시 **오라니요**? 오늘도 어렵게 시간을 내서 왔는데요.

연습 1 보기 와 같이 대화를 완성하십시오

> **보기** 가: 지금 밖에 비가 많이 내리는데 우산 갖고 왔어요?
> 나: 비가 온다니요? 좀 전까지 햇볕이 쨍쨍했는데요.

1) 가: 한나 씨가 남자 친구와 심하게 다퉈서 서로 연락도 안 한대요.
   나: ______________________ 아까 두 사람이 사이좋게 손잡고 가는 걸 봤는데요.

2) 가: 한국에는 이렇게 지워지는 볼펜을 파는 곳이 별로 없는 것 같아.
   나: ______________________ 학교 앞 문구점에서도 파는데.

3) 가: 어제 부모님께 연락이 왔는데 할머니께서 병원에 입원하셨대요.
   나: ______________________ 어디가 편찮으신데요?

4) 가: 처음 보는 옷이네요. 레아 씨한테 정말 잘 어울려요.
   나: ______________________ 지난 학기에도 여러 번 학교에 입고 왔는데요.

연습 2 보기 와 같이 대화를 완성하십시오.

> **보기** 가: 이번 주는 바쁘니까 다음 주에 만나서 이야기합시다.
> 나: 다음 주에 만나자니요? 우리 내일 보기로 했잖아요.

1) 가: 네가 동생이니까 형한테 먼저 미안하다고 사과해.
   나: ______________________ 잘못한 건 형인데요.

2) 가: 밤늦게 어디 갔다 왔어?
   나: ______________________ 아까 집 앞 슈퍼에 갔다 온다고 했잖아.

3) 가: 나츠미, 이번 주말에 우리 불꽃놀이 보러 여의도에 갈래?
   나: ______________________ 다음 주 월요일에 중간고사 보는 거 잊었어?

4) 가: 방학 기간 동안 집을 비워 두셔도 전기 요금을 내셔야 합니다.
   나: ______________________ 사용하지도 않은 요금을 왜 내야 하나요?

연습 3 보기 와 같이 친구와 이야기해 보십시오.

보기

레아 씨가 좀 아프대요.

아프다니요? 오전에 교실에서 만났을 때는 괜찮았는데요.

1) 장민, 너 한나랑 사귄다면서?

2) 상진 씨, 어제 머리 염색했어요? 잘 어울리네요.

3) 내일 2시까지 학교로 오세요.

4) 주말에 부산으로 여행 갈까?

활동 **보기** 와 같이 친구와 이야기해 보십시오.

상황 친구에게서 한나가 다음 주에 고향에 간다는 이야기를 듣는다.

친구의 말	친구의 말에 동의하지 않는 이유
한나가 다음 주에 고향에 돌아간다.	한나가 다음 주에 같이 여행을 가자고 했다.

보기 가: 나츠미, 한나가 다음 주에 고향에 돌아간대.
나: 한나가 고향에 돌아간다니? 다음 주에 나랑 여행 가기로 했는데.
가: 갑자기 할머니께서 편찮으셔서 가기로 했대.
나: 정말? 한나한테 전화를 해 봐야겠다.

1 친구에게서 지아가 동창회에 참석하지 못한다는 이야기를 듣는다.

친구의 말	친구의 말에 동의하지 않는 이유
지아가 동창회에 참석하지 못한다.	어제 자신과 통화할 때는 아무 말이 없었다.

2 직장 동료에게서 첸 씨가 다른 부서로 이동한다는 이야기를 듣는다.

친구의 말	친구의 말에 동의하지 않는 이유
______________________ ______________________	______________________ ______________________

3 동작동사 다(가) 보다

3-1

장민　나츠미, 내가 추천해 준 동영상 프로그램 써 봤어?

나츠미　어. 써 보긴 했는데 사용하기 쉽지 않네.

장민　처음이라서 그럴 거야. 나도 프로그램이 복잡해서 힘들었는데 **사용하다 보니까** 익숙해지더라고. 너도 자주 **쓰다 보면** 익숙해질 거야.

'동작동사 다(가) 보다'는 어떤 상황이 계속됨을 나타낼 때 사용한다. '동작동사 다(가) 보니(까)'는 뒤에 어떤 사실을 알게 되었거나 어떤 결과가 생겼음을 나타낸다. '동작동사 다(가) 보면'은 뒤에 어떤 사실이나 결과가 생기거나 생길 것임을 나타낸다.

- 가: 지아야, 이제 집에 가야 할 시간 아니야?
  나: 수다 **떨다 보니까** 벌써 11시네. 이만 가 봐야겠다.
- 가: 내가 실수해서 우리 팀이 진 것 같아.
  나: 아니야. 경기를 **하다 보면** 실수할 때도 있으니까 너무 미안해하지 마.
- 룸메이트와 함께 **지내다가 보면** 서로 이해해야 할 일이 많이 생길 겁니다.

'많다, 힘들다, 어렵다, 바쁘다' 등의 일부 상태동사에 붙어 계속된 상태를 나타낼 때도 사용할 수 있다.

- 가: 이번에 회사를 옮겼다면서요? 일은 할 만해요?
  나: 네. 그래도 모르는 게 **많다 보니** 동료들의 도움을 많이 받게 되네요.
- **바쁘다 보면** 자신도 모르게 짜증을 낼 때가 있어요.

연습 1 보기 와 같이 다음을 연결하십시오.

보기 일기를 꾸준히 쓰다 — 글쓰기 실력이 늘다

➜ 일기를 꾸준히 쓰다가 보니까 글쓰기 실력이 늘었어요.

1)	10년 동안 수영을 하다	체력이 좋아지다
2)	가족과 오랫동안 떨어져 지내다	혼자 사는 것에 익숙해지다
3)	계획을 세워 필요한 물건을 사다	생활비를 절약할 수 있게 되다
4)	고향 마을을 여기저기 돌아다니다	어릴 때 함께 놀던 친구들이 생각나다
5)	일 때문에 바쁘다	전화하기로 한 약속을 잊어버리다

연습 2 알맞은 것을 골라 문장을 완성하십시오.

사람이 많다 ✔숲속을 걷다 음식 사진을 보다
직장 생활을 하다 옛날이야기를 듣다

1) 아무도 없는 숲속을 걷다 보면 자유로운 기분을 느낄 수 있다.

2) ____________________ 야근을 해야 할 경우가 많이 생길 거야.

3) 할머니께서 해 주시는 ____________________ 시간 가는 줄 몰라요.

4) 홈페이지에 접속하려는 ____________________ 연결이 안 될 때가 있을 거예요.

5) 인터넷에서 ____________________ 먹고 싶어져서 나도 모르게 침을 삼키게 된다.

연습 3 보기 와 같이 문장을 완성하십시오.

보기

음식을 좀 싱겁게 먹다 보니
짜고 매운 음식은 잘 못 먹겠더라고.

1) 

오랜만에 만난 친구들과
이야기를 나누다 보니
________________.

2) 

시간이 부족해서 일을
급하게 처리하다 보니
________________.

3) 

다양한 책을 읽다 보면
________________.

4) 

유학 생활을 하다 보면
________________.

활동

보기 와 같이 친구와 이야기해 보십시오.

상황 친구가 얼마 전에 운전면허증을 따기는 했는데 아직 운전이 서투르다.

자신의 경험	조언
6개월 동안 매일 운전하다 보니 익숙해졌다.	6개월 정도 운전하다 보면 익숙해질 것이다.

보기

가: 민수야, 운전면허증을 딴 지 얼마 안 됐지? 운전은 할 만해?

나: 아직 운전이 서툴러서 걱정이 많이 돼.

가: 나도 처음 운전할 때는 그랬어. 그런데 6개월 동안 매일 운전하다 보니 익숙해지더라고. 사람마다 다르긴 하겠지만 너도 6개월 정도 운전하다 보면 익숙해질 거야.

나: 정말? 빨리 그렇게 됐으면 좋겠다.

1 친구가 수영을 배우고 있는데 아직 수영이 서투르다.

자신의 경험	조언
매일 2시간씩 연습하다 보니 실력이 늘었다.	꾸준히 연습하다 보면 실력이 늘 것이다.

2 친구가 ________ 을/를 배우고 있는데 아직 ________ 이/가 서투르다.

자신의 경험	조언

4 동사 더라도

4-1

교수　학교생활은 어때요? 한국어로 수업 듣는 게 많이 힘들죠?

장민　네. 제가 한국어 실력이 부족해서 조금 어렵지만 수업을 따라가기 위해 열심히 노력하고 있습니다.

교수　지금 잘하고 있으니까 **힘들더라도** 끝까지 열심히 하세요. 도움이 필요하면 저에게 이야기하고요.

'동사 더라도'는 앞의 내용을 가정하거나 인정하지만 뒤의 내용에는 관계가 없거나 영향을 미치지 않음을 나타낼 때 사용한다. 주로 뒤에는 앞의 내용으로 기대하는 것과 반대되는 내용이 온다.

- 가: 과장님, 보고서 다음 주까지 드리면 안 될까요? 자료를 늦게 받아서요.
  나: 네, 괜찮아요. 중요한 보고서니까 시간이 **걸리더라도** 제대로 작성해 주세요.
- 가: 별로 아픈 곳은 없어서 병원은 안 가도 될 것 같아.
  나: 교통사고 후유증은 시간이 지나면 나타난대. **괜찮더라도** 병원에 가서 확인해 봐.
- 나와 생각이 **다르더라도** 상대방의 의견을 존중해야 한다.
- 결승에 **진출하지 못하더라도** 이번 경기에 최선을 다하겠습니다.

연습 1 보기 와 같이 다음을 연결하십시오.

보기 가격이 비싸다 — 품질이 좋은 걸로 사고 싶다

→ 가격이 비싸더라도 품질이 좋은 걸로 사고 싶어요.

1)	그 일은 누가 하다	김 팀장님처럼 완벽하게 처리할 수 없을 것이다
2)	오늘 밤을 새우다	보고서를 완성하지 못할 것이다
3)	1%의 가능성밖에 없다	내 꿈을 위한 도전을 멈추지 않겠다
4)	자동차가 오래돼서 수리를 맡기다	얼마 되지 않아 또 고장 날 것 같다
5)	사람들에게 내 실력을 인정받지 못하다	끝까지 최선을 다하겠다

연습 2 알맞은 것을 골라 문장을 완성하십시오.

남기다 울리다 패하다 보관하다

1) 오늘 소방 훈련이 있으니 벨이 ________________ 놀라지 마십시오.

2) 돼지고기는 냉동실에 ________________ 1개월 안에 먹는 것이 좋다.

3) 이번 선거에서 ________________ 젊은 층의 지지를 얻는 것이 중요하다.

4) 이익을 적게 ________________ 손님들에게 건강하고 좋은 음식을 드리고 싶습니다.

연습 3 보기 와 같이 친구와 이야기해 보십시오.

보기

가족들이 응원하러 왔는데 예선에서 떨어진다면 정말 부끄러울 것 같아.

예선에서 떨어지더라도 가족들은 너를 자랑스럽게 생각할 거야. 너무 부담 갖지 마.

1) 저 강아지 정말 귀엽다. 가서 만져 보고 싶다.

2) 공부도 많이 못 했는데 시험이 다음 주로 미뤄진다면 얼마나 좋을까?

3) 길이 많이 막혀서 모임에 많이 늦을 것 같은데 못 간다고 할까요?

4) 학교 앞에 새로 생긴 빵집이 빵은 맛있는데 가격이 좀 비싸다고 하더라고.

연습 4 상황에 맞게 이야기해 보십시오.

1) 대학 시험을 앞둔 친구에게

› 모르는 문제가 나오더라도 침착하게 풀어.

2) 결혼식을 준비하는 친구에게

›

3) 다른 사람의 부탁을 잘 거절하지 못하는 동생에게

›

활동 보기 와 같이 친구와 이야기해 보십시오.

상황 친구와 졸업 전에 해외여행을 가기로 약속했는데 내가 너무나 가고 싶었던 공연 소식을 들었다. 그런데 이 공연 날짜와 친구와 여행을 가기로 한 날짜가 겹친다. 이 공연은 한국에서 처음 하는 것이고 이번 기회를 놓친다면 또 언제 볼 수 있을지 모른다.

이름	선택과 그 이유
레아	친구에게 물어보고 결정하겠다.
흐엉	여행은 다시 갈 수 있지만 공연은 다시 볼 수 없을지도 모르니까 여행을 가지 않고 공연을 보겠다.
루카스	친구와 먼저 약속한 것이니까 여행을 가겠다.

보기

1 내 생일을 기념해서 오랜만에 부모님께서 한국에 오셨다. 내가 좋아하는 음식을 만들어 주시겠다고 아침부터 준비하시는 부모님과 즐거운 시간을 보내고 있는데 내가 오랫동안 짝사랑하고 있는 사람에게 연락이 왔다. "오늘 생일이지? 내가 맛있는 거 사 줄게. 지금 나올 수 있어?"

이름	선택과 그 이유

5 동작동사 도록

5-1

안내 방송

공연이 곧 시작될 예정이니 관객 여러분께서는 모두 자리에 앉아 주시기 바랍니다. 즐거운 공연이 될 수 **있도록** 몇 가지 안내 말씀 드리겠습니다. 공연 중에는 사진 촬영을 할 수 없습니다. 또한 공연에 방해가 **되지 않도록** 휴대폰은 진동으로 바꿔 주시기 바랍니다.

'동작동사 도록'은 바라는 목적이나 결과를 이룰 수 있게 뒤의 동작을 함을 나타낼 때 사용한다.

- 가: 한 학기 동안 같이 공부했던 친구들과 같이 여행을 오니까 정말 좋다.
  나: 나도 그래. 오랫동안 기억에 **남도록** 즐거운 추억을 많이 만들자.
- 가: 김 기자, 내일부터 기온이 다시 영하로 내려간다면서요?
  나: 맞습니다. 게다가 새벽부터 눈이 올 예정이라 사고가 **나지 않도록** 운전 조심하셔야겠습니다.
- 신입생들이 교실을 잘 찾아갈 수 **있도록** 건물 곳곳에 교내 지도를 붙여 놓았다.

'동사 도록'은 어떤 시간이나 정도에 이를 때까지 뒤의 동작을 함을 나타낼 때 사용한다. 과장의 의미로도 쓴다.

- 가: 지아야, 지금 어디니? 밤 **11시가 다 되도록** 연락이 없어서 전화했다.
  나: 엄마, 저 지금 집 근처예요. 10분 안에는 도착할 거예요.
- 이사할 집을 찾으려고 다리가 **아프도록** 여기저기 돌아다녔다.
- 나는 코미디 영화를 보면서 배꼽이 **빠지도록** 웃었다.

연습 1 보기 와 같이 다음을 연결하십시오.

보기	건강이 빨리 회복되다	식사와 운동에 신경을 쓰다

➔ 건강이 빨리 회복되도록 식사와 운동에 신경을 쓰십시오.

1)	바람이 잘 통하다	창문을 열어 두다
2)	음식이 상하지 않다	남은 것은 냉장고에 보관하다
3)	쓰레기를 줄일 수 있다	일회용품 사용을 자제하다
4)	학생들이 쉽게 이해하다	자세히 설명해 주다
5)	수업에 방해가 되지 않다	휴대폰은 무음으로 해 놓다

연습 2 알맞은 것을 골라 문장을 완성하십시오.

✔ 귀가 닳다 눈이 빠지다 목이 터지다
배가 터지다 발바닥에 불이 나다

1) 어렸을 때부터 돈을 아껴 쓰라는 말을 귀가 닳도록 들었다.

2) 어머니가 고향 음식을 보내 주셔서 ______________________ 먹었다.

3) 결승전에 진출한 우리 팀 경기를 보며 ______________________ 응원을 했다.

4) 아버지와 어머니는 5년 만에 귀국하는 딸을 ______________________ 기다리고 있다.

5) 후보자들은 선거를 앞두고 더 많은 표를 얻기 위해 ______________________ 뛰어다녔다.

연습 3 대화를 완성하십시오.

1) 가: 선생님, 글씨가 작아서 잘 안 보여요.

나: 그래요? ________________ 조금 더 크게 쓸게요.

2) 가: 여보, 이 시간까지 안 자고 뭐 해요?

나: 딸이 ________________ 안 들어오니까 걱정이 돼서 못 자겠어요.

3) 가: 장민 씨, 눈이 왜 이렇게 빨개요?

나: 어제 ________________ 보고서를 작성하느라고 잠을 못 자서 그래요.

4) 가: 이번 행사에 챙겨야 할 물건이 많은데 빠뜨린 물건이 있을까 봐 걱정이에요.

나: 그럼 필요한 물건을 ________________ 체크 리스트를 만들어 보세요.

5) 가: 요즘 독감이 유행하고 있대요. 나츠미 씨도 ________________ 조심하세요.

나: 안 그래도 병원에 가서 독감 예방 주사를 맞으려고요.

연습 4 사진을 보고 이야기해 보십시오.

1) 

- 다른 사람에게 방해가 되지 않도록 작은 소리로 이야기해 주세요.
-
-

2) 

- 뜨거운 음식이 많으니 아이들이 다치지 않도록 조심해 주시기 바랍니다.
-
-

3) 

- 수영장 물이 깨끗하게 유지될 수 있도록 샤워 후 수영장에 들어가시기 바랍니다.
-
-

4) 

- 비행기가 제시간에 출발할 수 있도록 탑승 시간을 지켜 주시기 바랍니다.
-
-

활동 '다니고 싶은 학교'에 대해 친구와 이야기해 보십시오.

쉬는 시간에 다른 반 친구와 복도에서 이야기를 나누다 보면 다리가 아파요. 앉아서 편하게 이야기를 나눌 수 있도록 의자를 마련해 주시면 좋겠어요.

학교에 건의하고 싶은 말이 있을 때 어디에 말해야 할지 모를 때가 있어요. 학생들이 적극적으로 자신의 의견을 말할 수 있도록 학교 곳곳에 게시판을 마련해 주세요.

6 동작동사 (으)ㄹ 겸

6-1

한나　그동안 시험 때문에 스트레스가 많았는데 끝나고 나니까 정말 좋다. 시험도 끝났는데 오늘 뭐 해?

나츠미　나는 이따가 명동에 갈까 해.

한나　명동에는 왜?

나츠미　친구도 **만날 겸** 쇼핑도 **할 겸** 해서 가려고.

'동작동사 (으)ㄹ 겸'은 두 가지 이상의 목적을 가지고 뒤의 동작을 할 때 사용한다.

- 가: 지난 방학 때 광고 회사에서 인턴으로 일했다면서?
  나: 응. 사회 경험도 **쌓을 겸** 용돈도 **벌 겸** 해서 한번 해 봤어.
- 가: 루카스, 바람도 쐬고 단풍 구경도 **할 겸** 주말에 산에 갈까?
  나: 좋지. 남산이 좋다고 들었는데 거긴 어때?
- 집중도 잘 안되는데 머리도 **식힐 겸** 커피라도 한잔 마실까?
- 이번 방학 때 친척도 **만날 겸** 여행도 **할 겸** 해서 호주에 다녀올까 해요.

'명사 겸 명사'는 하나의 사물이나 사람이 동시에 두 가지 기능이나 자격을 가짐을 나타낼 때 사용한다.

- 요즘에는 소비자들이 **소파 겸 침대**로 쓸 수 있는 가구를 많이 찾는다.
- 한정우는 **영화배우 겸 감독**으로 활발하게 활동하고 있다.

연습 1 보기 와 같이 다음을 연결하십시오.

보기 세차를 하다 / 기름을 넣다 / 주유소에 들렀다

세차도 할 겸 기름도 넣을 겸 해서 주유소에 들렀어요.

1)	잠을 깨다	간식을 사다	매점에 갔다
2)	선물을 사다	얼마 전에 산 신발을 바꾸다	백화점에 다녀왔다
3)	식비를 아끼다	식사 시간을 줄이다	도시락을 싸 가지고 다니다
4)	사람들을 사귀다	정보를 얻다	여행 동호회에 가입했다
5)	발표 자료를 찾다	빌린 책을 반납하다	도서관에 가려고 하다

연습 2 알맞은 것을 골라 문장을 완성하십시오.

사무실	서랍장	소설가	✓송년회
작업실	✓집들이	화장대	방송 작가

1) 연말에는 준서 씨 집에서 송년회 겸 집들이를 할 계획이야.

2) ________________ 을/를 놓으면 좁은 공간을 효율적으로 쓸 수 있어요.

3) 이은성 디자이너의 ________________ 은/는 분위기 있게 잘 꾸며져 있었다.

4) ________________ 인 김근호 씨는 젊은이들이 공감할 만한 작품을 많이 썼다.

연습 3 보기 와 같이 대화를 완성하십시오.

> **보기** 가: 오늘은 버스 안 타고 가요?
> 나: 네. 배가 하도 불러서 <u>소화도 시킬 겸</u> 걸어가려고요.

1) 가: 장민 씨, 이번 방학 때 동생이 한국에 온다면서요?

   나: 네. ______________________ 온다고 해요.

2) 가: 지난 주말에 날씨도 좋았는데 어디 갔다 왔어요?

   나: 네. ______________________ 동해에 다녀왔어요.

3) 가: 레아 씨는 SNS에 글을 자주 올리네요.

   나: 네. ______________________ 자주 올리는 편이에요.

4) 가: 이번 발표 준비가 정말 힘들었는데 무사히 끝나서 다행이야.

   나: 그동안 다들 준비하느라 스트레스도 많았을 텐데 ______________________ 노래방에 갈까?

연습 4 보기 와 같이 이야기해 보십시오.

목적 1	목적 2
장을 보다	구경을 하다
목욕을 하다	✔ 머리를 식히다
바람을 쐬다	피로를 풀다
✔ 생각을 정리하다	스타일을 바꾸다
기분 전환을 하다	스트레스를 풀다

> **보기** 생각도 정리할 겸 머리도 식힐 겸 해서 잠시 드라이브를 다녀올까 해요.

활동 포스터를 보고 보기 와 같이 친구와 이야기해 보십시오.

10월에 열리는 지역 축제

유네스코 세계유산 하회마을에서 열리는 국내 최대 전통문화 축제

탈춤 공연
세계 각국의 탈 전시회
탈춤 배우기

event
안동찜닭, 고등어 판매

보기

가: 혹시 안동에 가 본 적 있어?

나: 안동? 아직 못 가 봤는데 왜?

가: 여기 보니까 다음 주말에 안동에서 탈춤 축제를 한다고 하는데 재미있는 프로그램이 많더라고. 너도 전통문화에 관심이 많잖아.

나: 그래? 재미있겠다. 탈춤 공연도 볼 겸 같이 갈까?

전주 한옥마을에서 펼쳐지는 대한민국 대표 음식 축제

세계 최대 비빔밥 만들기
다양한 비빔밥 맛보기
한옥 마을 관람

event
다양한 테마 비빔밥 시식

동해 바다 커피 거리에서 즐기는 커피와 낭만! 국내 최초 커피 축제

바리스타 체험
세계의 커피 맛보기
불꽃놀이

event
세계 각국의 커피 맛보기

7 동사 (으)ㄹ수록

7-1

레아　지아 씨, 뭘 그렇게 열심히 보고 있어요?

지아　연말에 가족들과 여행 가려고 비행기표 좀 알아보고 있어요.

레아　연말이 되려면 아직 멀었는데 벌써 예매해요?

지아　항공권은 일찍 **예매할수록** 싸잖아요.

'동사(으)ㄹ수록'은 앞 절의 상황이나 정도가 심해지면 그에 따라 뒤 절의 상황이나 정도도 변함을 나타낼 때 사용한다.

- 가: 무슨 책을 그렇게 열심히 봐요?
  나: 제가 좋아하는 작가가 쓴 책인데요. **읽을수록** 결말이 궁금해져요.

- 가: 이렇게 추운데 축제에 가자고? 가서 고생하지 않을까?
  나: 아니야. 블로그를 보니까 겨울 축제는 **추울수록** 더 신나고 재미있대.

- 설문 조사 결과, TV 시청을 많이 **할수록** 책을 안 읽는 것으로 나타났다.
- 일교차가 심한 **때일수록** 건강 관리에 신경을 써야 한다.

'동사(으)면 동사(으)ㄹ수록'의 형태로 자주 쓴다.

- 가: 미역국은 어떻게 하면 더 맛있게 끓일 수 있어요?
  나: 미역국은 오래 **끓이면 끓일수록** 국물 맛이 더 진해져요.

- 충치 치료는 **빠르면 빠를수록** 좋습니다.

연습 1 보기 와 같이 다음을 연결하십시오.

보기 시험 날짜가 다가오다 — 긴장이 많이 되다

→ 시험 날짜가 다가올수록 긴장이 많이 돼요.

1)	일교차가 심하다	감기에 걸리기 쉽다
2)	함께 힘든 일을 겪다	서로에 대한 믿음이 커지다
3)	드라마의 시청률이 올라가다	그 드라마에 나온 제품의 판매도 늘고 있다
4)	행사에 참석하는 사람이 많다	준비해야 할 것도 많다
5)	해결하기 어려운 문제이다	차분히 생각할 필요가 있다

연습 2 보기 와 같이 문장을 완성하십시오.

보기

결제 금액이 클수록
포인트를 많이 적립해 드려요.

1)

사람은 나이가 들수록
______________.

2)

기대가 클수록
______________.

3)

과학 기술이 발달할수록
______________.

4)

사회생활을 하면 할수록
______________.

연습 3 도표를 보고 보기 와 같이 이야기해 보십시오.

연령대별 스마트폰 사용 시간

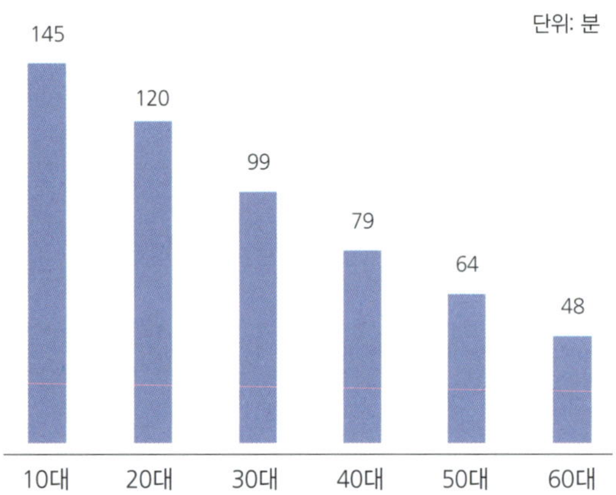

보기

연령대가 높을수록 스마트폰 사용 시간이 짧은 것으로 나타났습니다.

1) 연령대별 삶의 만족도

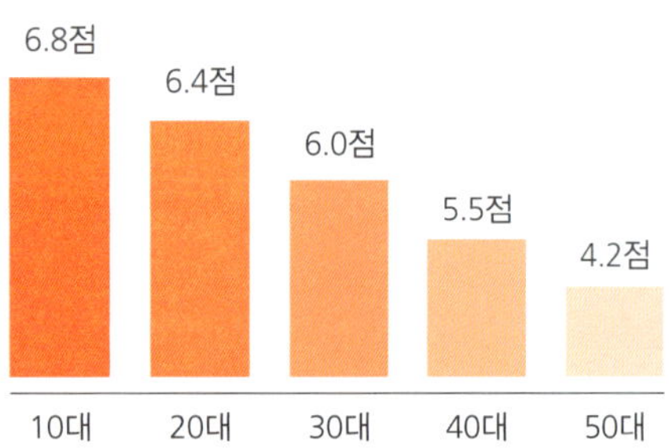

2) 지하철역과의 거리와 월세

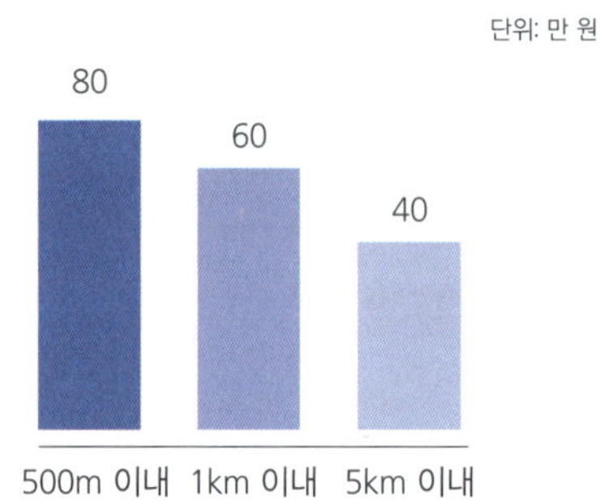

3) 시간대별 미세 먼지의 양

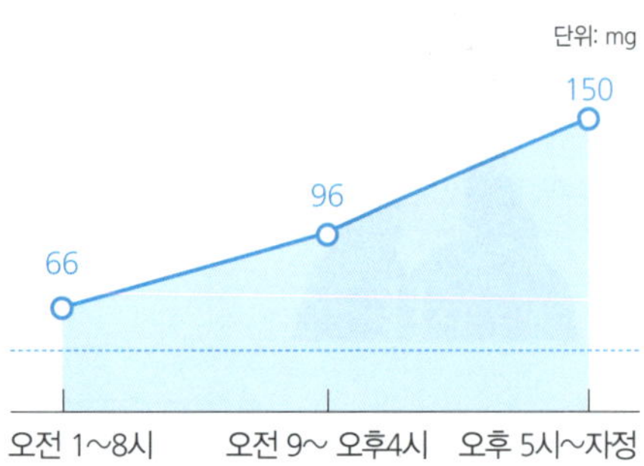

4) 아이스크림 판매량

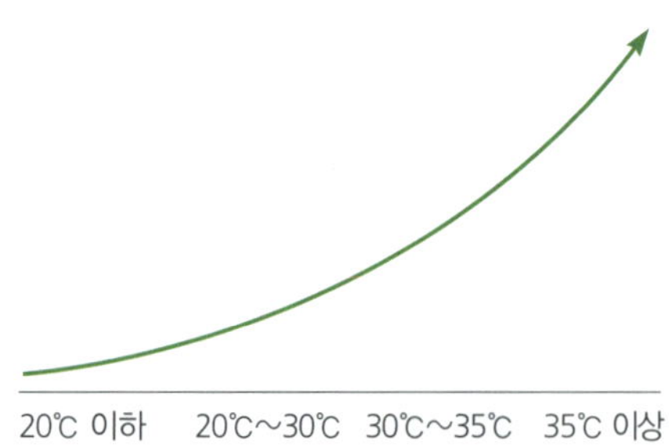

활동 '환경 보호' 주제에 맞게 시를 완성하십시오.

자연이 아프다

자동차가

____

공기가 아파요.

샴푸를

____

물이 아파요.

쓰레기가

____

땅이 아파요

자연은

우리가 ____________________

우리에게 더 많은 것을 줍니다.

8 동사 (으)ㄹ 줄 알았다/몰랐다

8-1

준서 장민 씨, 주말 잘 보냈어요? 주말에 뭐 했어요?

장민 저는 친구랑 같이 등산했어요.

준서 등산요? 힘들지 않았어요?

장민 저도 **힘들 줄 알았는데** 생각보다 괜찮더라고요. 운동 삼아 가볍게 올라갈 만해요.

'동사 (으)ㄹ 줄 알았다'는 어떤 사실이나 상태에 대해 예상한 것을 나타낼 때 사용한다.

- 가: 소식 들었어요? 장민 씨가 이번 학기에 장학금을 받는대요.
  나: 저는 장민 씨가 장학금을 **받을 줄 알았어요**. 항상 열심히 공부하잖아요.
- 가: 여행 잘 다녀왔지? 날씨는 괜찮았어?
  나: 응. **더울 줄 알았는데** 생각보다 덥지 않더라고.
- 방에 불이 켜져 있어서 당연히 네가 집에 **있을 줄 알았어.**
- 그 영화는 재미있는 **영화일 줄 알았는데** 전혀 그렇지 않았다.

'동사 (으)ㄹ 줄 몰랐다'는 어떤 사실이나 상태에 대해 예상하지 못한 것을 나타낼 때 사용한다. 기대나 예측을 나타내는 문장에서 '이렇게, 그렇게, 저렇게'와 함께 사용할 수 있다.

- 가: 새로운 휴대폰이 나온 지 사흘 만에 90만 대가 팔렸대.
  나: 그래? 가격이 너무 비싸서 그렇게 많이 **팔릴 줄 몰랐는데.**
- 가: 취업 박람회에 잘 다녀왔어요?
  나: 네. 그렇게 사람이 **많을 줄 몰랐는데** 가 보니까 박람회장이 꽉 찼더라고요.
- 오랫동안 가장 친한 친구였던 그 아이가 저를 **속일 줄은** 꿈에도 **몰랐어요.**

연습 1 그림을 보고 알맞은 것을 골라 보기 와 같이 문장을 완성하십시오.

✓맛있다 성공하다 헤어지다 메달을 따다 배탈이 나다 시험을 망치다

보기

› 맛있을 줄 알았어요.
식당에 손님이 많더라고요.

1)

› ______________________.
아까 밥을 급하게 먹더라고요.

2)

› ______________________.
자주 다투더라고요.

3)

› ______________________.
열심히 연습하더라고요.

4)

› ______________________.
수업 시간에 자더라고요.

5)

› ______________________.
매일 밤늦게까지 열심히 노력하더라고요.

연습 2 보기 와 같이 문장을 바꿔 이야기해 보십시오.

보기

한국어를 배우기 전에는 한국어가 어려울 거라고 생각했어요.
그런데 배워 보니까 어렵지 않고 재미있어요.

- 한국어를 배우기 전에는 한국어 공부가 어려울 줄 알았어요.
- 한국어 공부가 이렇게 재미있을 줄 몰랐어요.

1)

친구가 저한테 보낸 문자 메시지를 보고 금방 도착할 거라고 생각했어요.
그런데 친구가 한 시간이나 늦게 왔어요.

2)

부동산 광고를 보고 방이 넓다고 생각했어요.
그런데 직접 가 보니까 방이 좁았어요.

3)

평일 낮이라서 길이 안 막힐 거라고 생각했어요.
그런데 길이 많이 막혔어요.

4)

가방을 메고 도서관으로 들어가는 사람을 보고 학생일 거라고 생각했어요.
그런데 그 사람이 선생님이었어요.

연습 3 대화를 완성하십시오.

1) 가: 안경 바꿨어? 너한테 잘 어울린다.

나: 고마워. 디자인이 화려해서 ____________________는데 써 보니까 괜찮더라고.

2) 가: 어? 준서야. 진짜 오랜만이다. 고등학교 졸업하고 못 봤으니 한 3년 됐지?

나: 그러게. 나도 여기서 ____________________는데 정말 반갑다.

3) 가: 열심히 공부해서 시험에 ____________________는데 떨어졌어.

나: 너무 실망하지 마. 다음에는 꼭 붙을 수 있을 거야.

4) 가: 고추장을 그렇게 많이 넣으니까 맵지. 여기 물 좀 마셔.

나: 그러게. 나는 고추장이 ____________________고 많이 넣었어.

5) 가: 기차 출발 시간이 다 되었는데 레아는 아직 안 왔어?

나: 어휴, ____________________. 레아는 만날 때마다 항상 늦게 오잖아.

활동 보기 와 같이 제품을 구입한 후 예상과 달라 실망한 경험에 대해 이야기해 보십시오.

예상과 다른 점
발이 편할 거라고 생각했다. 그런데 신어 보니까 생각보다 불편했다.
물세탁이 가능하다고 생각했다. 그런데 빨고 나니까 사이즈가 줄어들었다.
? ____________________

보기

저는 지난주에 구두를 구입했어요. 이 구두를 사기 전에는 발이 편할 줄 알았어요. 그런데 신어 보니까 불편하더라고요. 구두가 이렇게 불편할 줄 몰랐어요.

9 동사 (으)며

9-1

앵커 오늘 부산국제영화제의 개막식이 열렸습니다. 영화제 소식, 이지영 기자입니다.

기자 오늘 부산 해운대에서 부산국제영화제가 시작됐습니다. 이번 영화제에서는 300여 편의 국내외 작품을 볼 수 **있으며** 다양한 행사도 준비되어 있다고 합니다.

'동사(으)며'는 두 가지 이상의 동작이나 상태를 나열할 때 사용한다. 주로 공식적으로 말하거나 글을 쓸 때 사용한다.

- 가: 김 교수님, 허리 건강을 지키는 방법에는 어떤 게 있나요?
  나: 앉을 때 허리를 펴야 **하며** 한 시간에 한 번씩 스트레칭을 하는 것이 좋습니다.
- 가: 이번에 새로 나온 자동차의 장점에 대해 말씀해 주시겠습니까?
  나: 이 자동차는 다른 자동차에 비해 실내 공간이 **넓으며** 소음도 적습니다.
- 설문 조사 결과, 한국인 10명 중 7명은 '외롭다'고 느끼는 것으로 **나타났으며** 그중 4.6%는 '항상 외롭다'고 응답했다.
- 우리 회사에서는 **적극적이며** 성실한 신입 사원을 모집하고 있습니다.
- 인터넷 쇼핑은 이용이 편리하고 쇼핑 시간을 절약할 수 **있으며** 가격도 저렴하다.

'동작동사(으)며'는 앞과 뒤의 동작이 동시에 나타날 때 사용한다.

- 최근 스마트폰을 **보며** 길을 걷는 사람들 때문에 교통사고가 증가하고 있다.
- 우리 언니는 우수한 성적으로 대학교에 입학해 4년 동안 장학금을 **받으며** 학교를 다녔다.

연습 1 보기 와 같이 다음을 연결하십시오.

보기 동해는 수심이 깊다 — 서해나 남해보다 온도가 낮은 것이 특징이다

➔ 동해는 수심이 깊으며 서해나 남해보다 온도가 낮은 것이 특징입니다.

1) 토마토는 비타민이 풍부하다 — 칼로리가 낮아 다이어트와 피부 미용에 좋다

2) 서울시 공공 자전거는 이용 방법이 쉽다 — 저렴해서 이용자가 증가하고 있다

3) 이 영화는 지난달 중순부터 촬영이 시작되었다 — 내년 초에 개봉할 예정이라고 하다

4) 제주도에서는 아름다운 자연 풍경을 감상할 수 있다 — 다양한 해양 스포츠도 저렴하게 즐길 수 있다

5) 이 지하철 노선 안내 앱은 무료이다 — 회원 가입이 필요 없다

연습 2 그림을 보고 알맞은 것을 골라 보기 와 같이 이야기해 보십시오.

땀을 흘리다　손을 흔들다　✔ 첫눈을 맞다
눈물을 흘리다　주위를 두리번거리다

✔ 길을 걷다　길을 찾다　입장하다
훈련하다　소감을 말하다

보기

이반과 나츠미가 첫눈을 맞으며 길을 걷고 있습니다.

1)

2)

3)

4)

연습 3 보기 와 같이 문장을 완성하십시오.

보기 이번 주에도 하늘이 맑으며 깨끗한 날씨가 계속될 것으로 예상됩니다.

1) 요즘 커피숍에 가면 ______________________ 는 사람이 많다.

2) 편의점은 ______________________ 아서/어서 사람들이 자주 이용합니다.

3) 이 호텔은 ______________________ 아서/어서 손님들의 만족도가 높다.

4) 배낭여행은 힘들지만 ______________________ (는/ㄴ)다는 장점이 있습니다.

5) 집에서 혼자 쉬는 날에는 주로 ______________________.

활동 관람 안내를 보고 글을 쓰십시오.

국립중앙박물관 관람 안내

관람 시간
- 평일 10:00 ~ 18:00
- 주말 · 공휴일 10:00 ~ 19:00

전시관 안내
- 상설 전시관 동관 1, 2, 3층
- 어린이 박물관 서관 1층

관람료 무료

스마트폰 전시 안내 앱 서비스
무료 다운로드 가능

외국인을 위한 전시 해설
※ 희망일 하루 전까지 전화로 신청해 주시기 바랍니다.
영어, 일본어, 중국어

이곳은 서울시 용산구에 있는 국립중앙박물관이다. 한국에서 가장 먼저 설립된 박물관이며 30만여 점의 유물을 전시하고 있다. 관람 시간은 ______________________

____

____

____

10 동작동사 다가는

10-1

이반　하루 종일 책만 보니까 너무 피곤하다.

장민　나도 그래. 준비할 게 너무 많네.

이반　오늘 너무 피곤한데 나머지는 내일 하는 게 어때?

장민　조금만 더 하고 가자. 어제도 다 못하고 갔잖아. 이렇게 계속 과제를 **미루다가는** 제시간에 제출하지 못할 거야.

'동작동사 다가는'은 앞의 동작이 계속되면 부정적인 상황이나 의외의 결과가 생기게 될 것임을 나타낼 때 사용한다. '계속, 이렇게, 그렇게, 저렇게' 등의 표현이 자주 온다.

- 가: 왜 이렇게 빨리 걸어? 좀 천천히 가자.
  나: 약속 시간이 얼마 안 남았잖아. 이렇게 천천히 **걷다가는** 늦을지도 몰라.
- 가: 좋은 회사로 옮길 기회가 생겼는데 어떻게 해야 할지 모르겠어요.
  나: 빨리 결정하세요. 계속 **망설이다가는** 좋은 기회를 놓칠 수도 있어요.
- 이렇게 급하게 **먹다가는** 체할 거예요. 좀 천천히 드세요.
- 그렇게 밤낮없이 일만 **하다가는** 쓰러질지도 몰라. 건강도 생각해야지.

아직 하지 않은 행동에 대해서는 '동작동사 았다가는/었다가는'을 사용한다.

- 가: 병원에 가려고 하는데 지금 가도 되겠지?
  나: 예약을 하고 가는 게 좋지 않을까? 그냥 **갔다간** 환자가 많아서 진료를 못 받을지도 몰라.
- 이 음식은 집에 가서 바로 냉장고에 **넣지 않았다가는** 금방 상할 거예요.

* '동작동사 다가는'은 '동작동사 다간'으로 줄여서 쓸 수 있다.

연습 1 보기 와 같이 다음을 연결하십시오.

보기 이렇게 천천히 걷다 — 막차를 놓칠 수도 있다

➡ 이렇게 천천히 걷다가는 막차를 놓칠 수도 있어요.

1)	무리하게 운동을 하다	쓰러질 수도 있다
2)	매일 그렇게 과음하다	건강이 나빠질 것이다
3)	그렇게 자꾸 거짓말하다	주위 사람들에게 신뢰를 잃을 것이다
4)	이렇게 물건을 함부로 쓰다	금방 고장이 날 것이다
5)	수업 시간에 그렇게 집중하지 않다	중요한 내용을 놓칠 수도 있다

연습 2 알맞은 것을 골라 문장을 완성하십시오.

찍다 나가다 만지다 주차하다

1) 주정차 금지 구역에 ________________ 벌금을 내게 될 겁니다.

2) 젖은 손으로 콘센트를 ________________ 사고가 날 수도 있습니다.

3) 상대방의 동의 없이 사진을 ________________ 큰일 날 수도 있어요.

4) 추운 날씨에 그렇게 옷을 얇게 입고 ________________ 감기에 걸릴 거야.

연습 3 그림을 보고 보기 와 같이 이야기해 보십시오.

보기

그렇게 쇼핑을 많이 하다가는 생활비가 부족할 거예요.

1)

2)

3)

4)

활동 보기 와 같이 친구와 이야기해 보십시오.

상황 학교에서 같은 반 친구에게 충고를 한다.

문제 상황

같은 반 친구가 지각을 너무 자주 한다.

보기 가: 장민, 요즘 많이 피곤해? 지각을 자주 하네.

나: 아르바이트 때문에 매일 늦게 집에 들어가거든. 그래서 아침에 일찍 못 일어나겠어.

가: 아, 그렇구나. 그런데 이렇게 계속 지각하다가는 출석과 성적에 문제가 생길 거야. 아르바이트 시간을 좀 줄이거나 바꾸는 건 어때?

나: 응, 네 말이 맞는 것 같아. 고마워, 한번 생각해 볼게.

1 형이 동생에게 충고를 한다.

문제 상황

방학이라서 매일 늦잠을 자고 집에 늦게 들어온다.

2 동아리 회장이 회원에게 충고를 한다.

문제 상황

11 동사 (으)ㄴ데도/는데도

11-1

나츠미 장민, 외국인 연극 대회에 참가한다면서? 준비는 잘하고 있어?

장민 글쎄, 내가 지금 잘하고 있는 건지 잘 모르겠어.

나츠미 왜 이렇게 자신이 없어? 연습이 잘 안돼?

장민 사실, 매일 연습을 **하는데도** 실수가 많아서 걱정이야.

'동사(으)ㄴ데도/는데도'는 앞의 실제 상황에 관계없이 뒤의 상황이 일어남을 나타낼 때 사용한다.

- 가: 오늘 생각보다 놀이공원에 사람이 많이 왔네.
  나: 그러네. 비가 이렇게 많이 **오는데도** 사람이 많다.
- 가: 요즘 경제가 **안 좋은데도** 해외로 여행을 떠나는 사람이 많다면서요?
  나: 네. 뉴스를 보니까 요즘 공항이 여행을 가는 사람들로 붐빈대요.
- 콘서트가 **끝났는데도** 관객들은 자리를 떠나지 않고 가수의 이름을 외쳤다.
- 흐엉 씨는 처음 만난 **사람인데도** 전부터 알던 친구처럼 대화가 잘 통했다.

연습 1 보기 와 같이 다음을 연결하십시오.

보기

피부 관리에 신경을 쓰다	여드름이 많이 나서 고민이다

피부 관리에 신경을 쓰는데도 여드름이 많이 나서 고민이다.

1)	파도가 세게 치다	형은 바다로 낚시를 하러 나가다
2)	첸은 스노보드를 처음 타다	넘어지지 않고 잘 타다
3)	환경 오염 문제가 심각하다	정부에서는 적절한 대책을 세우지 못하고 있다
4)	그 선수는 지난 경기 때 다쳐서 다리가 아프다	결승전에 나가겠다고 하다
5)	오늘은 평일이다	연말이라서 그런지 거리에 사람이 많다

연습 2 알맞은 것을 골라 대화를 완성하십시오.

빨래를 하다   신입 사원이다   잘못한 게 없다   연기력이 부족하다

1) 가: 네가 먼저 여자 친구에게 연락해서 사과해.
   나: 뭐라고? 내가 ________________ 먼저 사과하라고?

2) 가: 엄마, 이 옷 왜 이래요? 얼룩이 아직 남아 있는데요.
   나: 그래? ________________ 얼룩이 지워지지 않았구나.

3) 가: 이번에 입사한 상진 씨는 업무에 적응을 잘하고 있나요?
   나: 네. ________________ 업무 처리도 빠르고 실수도 거의 없습니다.

4) 가: 이번 영화에서 유미 씨의 연기에 대해 관객들의 반응이 좋은데요. 예상은 하셨나요?
   나: 아니요. 아직 ________________ 저에게 큰 사랑을 주셔서 감사하게 생각하고 있어요.

연습 3 보기 와 같이 문장을 완성하십시오.

보기

이곳은 처음 와 본 여행지인데도
사진으로 봐서 그런지 낯설지 않아요.

1) 

동생은 아직
나이가 어린데도
_______________.

2) 

이반 씨는 중요한 시험을
앞두고 있는데도
_______________.

3) 

이 소설은 나온 지
20년이 지났는데도
_______________.

4) 

새로 출시된 휴대폰은
꽤 부담스러운 가격인데도
_______________.

활동

보기 와 같이 이야기해 보십시오.

인물	• 피아니스트 이희아
고난	• 양손의 손가락이 두 개이다. • 손가락에 힘이 없어서 피아노를 치기 힘들었다.
극복	• 꿈을 포기하지 않고 피아니스트가 되기 위해 노력했다. • 꾸준한 연습으로 결국 한국에서 유명한 피아니스트가 되었다.

보기 제가 오늘 소개할 사람은 피아니스트 '이희아'입니다. 그녀는 양손의 손가락이 두 개인데도 꿈을 포기하지 않고 피아니스트가 되기 위해 노력했습니다. 특히 손가락에 힘이 없어서 피아노를 치기 힘들었는데도 꾸준한 연습으로 결국 한국에서 유명한 피아니스트가 되었습니다. 그녀는 지금도 감동적인 연주를 하면서 사람들에게 꿈과 희망의 메시지를 전하고 있습니다.

인물	•
고난	• •
극복	• •

12 사동

12-1

남편 오래간만에 동창들이랑 즐거운 시간 보내고 와요.

아내 네, 고마워요. 잘 갔다 올게요.

남편 이따가 훈이 데리고 놀이터에 갈까 하는데 괜찮겠지요?

아내 네. 그런데 날씨가 좀 쌀쌀하니까 나갈 때 옷을 좀 따뜻하게 **입히세요.**

사동은 주어가 다른 대상에게 어떤 동작을 하게 하거나 어떤 상태가 되게 하는 것을 나타낸다.

끓이다	넓히다	놀리다	감기다	깨우다	달구다	낮추다
먹이다	눕히다	살리다	남기다	비우다	떨구다	늦추다
붙이다	입히다	알리다	맡기다	세우다	일구다	맞추다
속이다	앉히다	울리다	신기다	태우다	…	…
…	…	…	…	…		

- 가: 여보, 스케이트장에 가면 소연이 스케이트 좀 **신겨** 줘. 혼자 신는 게 힘들대.
  나: 응, 알겠어. 그렇게 할게.
- 가: 호영이 독감 때문에 밥도 제대로 못 먹고 있다고 해서 걱정이에요.
  나: 그럼, 죽을 좀 **끓여서** 집에 갖다줄까요?
- 지난 주말에는 오랜만에 가족들을 차에 **태우고** 시골길을 달렸는데 좋더라고요.
- 폭염이 계속되어서 일부 학교에서는 개학을 일주일 **늦춘다고** 한다.

'동작동사 게 하다'의 형태로도 사동을 나타낼 수 있다.

- 가: 요즘에 아이가 책을 통 안 읽어. 시간을 정해 놓고 책을 좀 **읽게 해야겠어.**
  나: 그렇게 하면 오히려 책에 대한 흥미가 떨어질 것 같은데.
- 배우 박진호는 사인회에서 선물을 준비해 팬들을 **기쁘게 했다.**

연습 1 그림을 보고 보기 와 같이 문장을 완성하십시오.

보기

준서가 택시를 세워요. (서다)

1) 언니가 동생을 ________________. (울다)

2) 이반이 장민을 ________________. (깨다)

3) 우표를 편지 봉투에 ________________. (붙다)

4) 새로 산 바지를 ________________. (줄다)

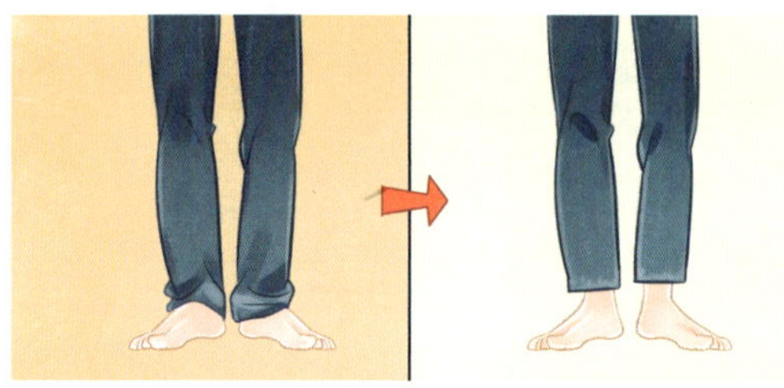

5) 아빠가 아이에게 모자를 ____________. (쓰다)

6) 엄마가 아이에게 밥을 ____________. (먹다)

7) 미용사가 레아의 머리를 ____________. (감다)

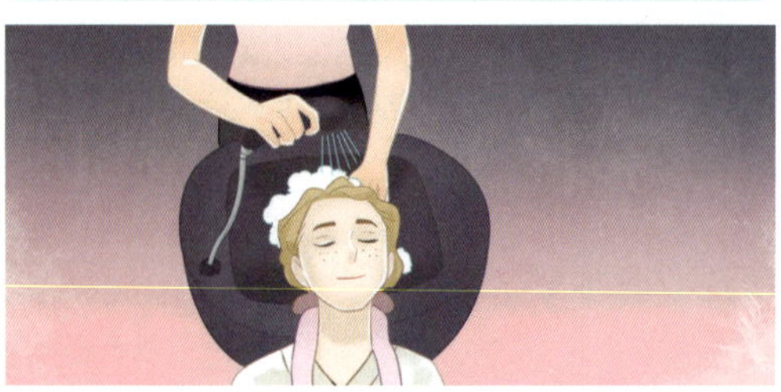

8) 선생님께서 아이의 손을 ____________. (씻다)

연습 2 알맞은 것을 골라 문장을 완성하십시오.

낮추다	눕히다	벗기다	비우다	숨기다
앉히다	알리다	좁히다	죽이다	채우다

1) 엄마는 잠든 아기를 침대에 ________________.

2) 이 차에 기름을 가득 ________________(으)려면 10만 원쯤 든다.

3) 껍질을 ________________(으)ㄴ 감자는 색이 쉽게 변한다.

4) 어제 선생님께 ________________지 않고 결석을 해서 꾸중을 들었다.

5) 불교에서는 작은 벌레도 함부로 ________________지 말라고 가르친다.

6) 화재가 발생하면 몸을 ________________고 건물 밖으로 이동해야 한다.

7) 나는 기분이 표정에 다 드러나서 감정을 ________________는 것이 힘들다.

8) 장애인 전용 주차 구역은 장애인들을 위해 ________________아/어 둬야 한다.

9) 두 사람의 생각이 너무 달라서 서로의 의견 차이를 ________________기가 어렵다.

10) 내가 어렸을 때 할아버지께서는 나를 무릎에 ________________아/어 놓고 옛날이야기를 해 주셨다.

연습 3 알맞은 것을 골라 대화를 완성하십시오.

돌리다	맡기다	붙이다	익히다	줄이다	재우다

1) 가: 언니, 내 분홍색 블라우스 못 봤어?
   나: 아, 그거? 옷에 얼룩이 좀 있어서 세탁소에 ________________ .

2) 가: 이제 먹어도 될 것 같은데. 한번 먹어 볼까요?
   나: 조금만 더 기다려요. 돼지고기는 잘 ________________ 아서/어서 먹어야 돼요.

3) 가: 장민 씨, 미안한데 라디오 소리를 좀 ________________ 아/어 주세요.
   나: 알겠어요. 크게 틀어 놔서 미안해요.

4) 가: 내일 친구들이 집에 온다고 하니까 집을 좀 치우자.
   나: 알겠어. 그럼 나는 청소기를 ________________ (으)ㄹ 테니까 너는 물건 정리를 좀 해 줘.

5) 가: 이반, 여기에 이 포스터를 좀 ________________ 아/어 줘. 난 키가 작아서 손이 안 닿아.
   나: 알겠어. 이쯤이면 될까?

6) 가: 우리 아이가 키가 좀 작은 편이라서 걱정이에요.
   나: 수면 시간이 부족하면 키가 안 자란다고 해요. 잠을 충분히 ________________ (으)세요.

연습 4 보기 와 같이 문장을 완성하십시오.

> **보기** 선생님은 아이들 스스로 문제를 해결하게 했다. (해결하다)

1) 김 대리는 갑작스럽게 사표를 내서 주위 사람들을 ________________ . (놀라다)

2) 손님이 오기 전에 수박을 냉장고에 넣어서 ________________ 아/어 뒀다. (시원하다)

3) 추운 날씨에 차가운 손을 ________________ 아/어 주는 상품이 인기를 끌고 있다. (따뜻하다)

4) 준서는 방에 들어가 문을 잠그고 아무도 ________________ . (들어오지 못하다)

활동 어린이집 하루 일과표를 보고 보기 와 같이 이야기해 보십시오.

어린이집 하루 일과표

시간	일과	시간	일과
7:30~9:00	등원 (옷 정리하기, 친구와 인사하기 등)	12:00	점심 식사(식사 후 이 닦기)
9:00	자유 놀이 시간	1:00	낮잠
10:00	간식	2:30	책 읽기
11:00	공원 산책(산책 후 손 씻기)	3:00	간식
		3:30	하원 준비(머리 빗기, 외투 입기 등)

보기 여기는 경희 어린이집이에요. 아이들이 어린이집에 오면 선생님들은 먼저 아이들의 외투를 벗기고 아이들을 자유롭게 놀게 해요.

13 동작동사 아/어 버리다

13-1

장민 레아 씨, 머리 잘랐네요.

레아 네, 오랜만에 미용실에 다녀왔어요. 어때요?

장민 시원해 보이고 잘 어울려요. 그런데 왜 그렇게 짧게 잘랐어요?

레아 머리도 많이 상하고 관리도 귀찮아서 그냥 **잘라 버렸어요.**

'동작동사 아/어 버리다'는 어떤 동작을 완전히 끝내서 아무것도 남지 않았음을 나타낼 때 사용한다. 그 결과로 부담을 던 기분을 나타낼 수 있다.

- 가: 책장에 안 보는 책들이 너무 많아요.
  나: 그럼 정리해서 중고 서점에 **팔아 버리세요.**
- 가: 어제 악몽을 꿔서 그런지 오늘 하루 종일 기분이 안 좋네요.
  나: 기분 나쁜 생각은 얼른 **털어 버리고** 기운 내세요.
- 미뤄 뒀던 일들을 다 **해 버리고** 나니까 마음이 편안해졌어요.

또한 그 결과가 의도하지 않은 일이라서 아쉬운 기분을 나타낼 때도 사용한다.

- 가: 오늘은 노트북을 안 가지고 왔네요.
  나: 네. 커피를 마시다가 노트북 위에 쏟아서 고장이 **나 버렸거든요.**
- 지하철을 타려고 뛰었지만 문이 **닫혀 버려서** 타지 못했다.

연습 1 보기 와 같이 다음을 연결해 이야기해 보십시오.

보기 휴대폰으로 광고 전화가 매일 와서 전부 차단해 버렸어요.

1) 휴대폰으로 광고 전화가 매일 와서	•	• 얼른 뽑다
2) 사랑니 때문에 음식을 씹을 때마다 이가 아파서	•	• 전부 차단하다
3) 저녁에 공연을 보기로 했는데 몸살 기운이 있어서	•	• 약속을 취소하다
4) 해외여행을 고민하는 중에 저렴한 항공권이 나와서	•	• 비행기표를 끊다

연습 2 그림을 보고 보기 와 같이 문장을 완성하십시오.

보기

친구가 늦게 와서 주문해 놓은 음식이 다 식어 버렸어요.

1)

어제 폭우가 내려서 ____________________
____________________.

2)

바람이 세게 부는 바람에 ____________________
____________________.

3) 

설거지를 하다가 손이 미끄러워서 ________________

________________________________.

4) 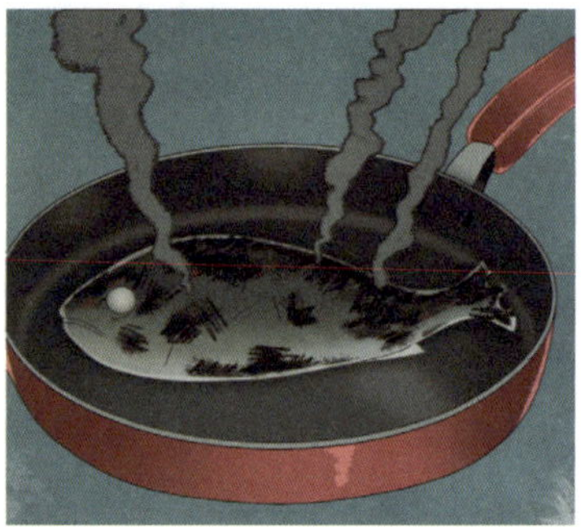

드라마를 보면서 요리하다가 ________________

________________________________.

연습 3 대화를 완성하십시오.

1) 가: 못 보던 휴대폰이네요. 새로 샀어요?

나: 네. 전에 쓰던 휴대폰이 자주 멈춰서 ________________________________.

2) 가: 여기에 걸려 있던 액자하고 그림 어디에 뒀어요?

나: 벽이 지저분해 보이는 것 같아서 다 ________________________________.

3) 가: 오늘 레아 씨 깜짝 생일 파티를 했다면서요? 성공했어요?

나: 아니요. 준비하는 동안에 너무 크게 떠들어서 ________________________________.

4) 가: 영화 재미있게 봤어? 예고편보다 더 무서운 것 같아.

나: 나는 제대로 못 봤어. 무서운 장면이 나올 때마다 눈을 ________________________________.

5) 가: 다음 달에 자라섬에서 재즈 페스티벌이 열린다고 하는데 바람 쐴 겸 같이 갈래?

나: 나도 가고 싶지만 쇼핑하느라 돈을 거의 다 ________________________아서/어서 못 갈 것 같아.

활동

보기 와 같이 이야기해 보십시오.

끝내 버려서 좋은 것
☑ 쌓인 집안일을 주말에 다 해 버렸다.
☐
☐
☐
☐
☐

끝나 버려서 아쉬운 것
☑ 즐겨 보던 드라마가 끝나 버렸다.
☐
☐
☐
☐
☐

보기

주말 동안 쌓인 집안일을
다 해 버려서 기분이 좋아요.

어제 즐겨 보던 드라마가
끝나 버려서 너무 아쉬워요.

14 동작동사 (으)ㄴ/는 김에

14-1

지아 이 많이 아파? 사랑니가 진짜 아프다고 하더라.

흐엉 응. 같이 와 줘서 고마워.
이 뽑을 생각하니까 너무 걱정 돼.

지아 괜찮을 테니까 너무 걱정하지 마. 그러고 보니까 나도 치과 온 지 좀 된 거 같아.

흐엉 그래? 그럼 병원 **온 김에** 너도 검사 한번 받아 봐. 혹시 충치가 생겼을지도 모르잖아.

'동작동사 (으)ㄴ/는 김에'는 앞의 동작을 기회로 뒤의 동작을 하는 것을 나타낸다. 앞의 동작이 원래의 목적이지만 그것과 관계된 다른 동작을 할 때 사용한다.

- 가: 주말에 할 일도 없는데 오랜만에 한강에 가서 자전거나 탈래?
  나: 좋아. 그럼 **가는 김에** 한강 매점에서 라면도 먹자. TV에서 봤는데 진짜 맛있어 보이더라.

- 가: 오늘 날씨가 좋아서 사진 찍으면 예쁘겠다.
  나: 그럼 말 **나온 김에** 카메라 들고 나가 볼까?

- 이삿짐을 **싸는 김에** 필요 없는 잡동사니를 모두 버렸다.

앞의 동작을 기회로 그 동작을 조금 더 할 때도 사용한다.

- 가: 마음에 드는 숙소가 없네. 그냥 우리 이 호텔로 예약할까?
  나: 아직 시간 있으니까 **찾는 김에** 좀 더 찾아보자.

- 가: 너무 늦었는데 그만 갈까?
  나: 오랜만에 낚시 왔는데 몇 마리 잡은 김에 조금만 더 잡고 가자.

연습 1 보기 와 같이 다음을 연결하십시오.

보기

설악산에 가다 — 정동진에 들러서 해돋이를 보고 오다

➔ 설악산에 가는 김에 정동진에 들러서 해돋이도 보고 오려고요.

1)	해외 출장을 가다	며칠 휴가를 내서 여행을 하다
2)	겨울옷을 정리하다	오래된 옷을 정리해서 버리다
3)	나츠미와 영화를 보다	저녁도 같이 먹다
4)	자동차 수리를 맡겼다	타이어를 교체하다
5)	책을 반납하러 도서관에 왔다	발표 자료를 찾아보다

연습 2 알맞은 것을 골라 대화를 완성하십시오.

걷다	✔ 참다	도와주다	야근하다	깎아 주다

1) 가: 민우가 어른들한테 예의 없게 행동하니까 참을 수가 없더라고. 그래서 화를 냈어.
   나: 그래도 참는 김에 조금 더 참지 그랬어.

2) 가: 죄송하지만, 가격을 더 깎아 드릴 수는 없어요.
   나: ______________________. 앞으로 자주 올게요.

3) 가: 일 아직 안 끝났어요? 늦었는데 같이 퇴근해요.
   나: 먼저 퇴근하세요. ______________________.

4) 가: 벌써 11시네. 피곤해 보이는데 이제 가서 쉬어. 나머지는 내가 할게.
   나: 아니야. 얼마 안 남았는데 ______________________.

5) 가: 힘들어서 더 이상은 못 걷겠어. 좀 쉬었다 가자.
   나: 이제 조금만 가면 돼. ______________________. 도착해서 쉬는 게 더 좋잖아.

연습 3 보기 와 같이 친구와 이야기해 보십시오.

보기

네가 삼겹살 말하니까 갑자기 너무 먹고 싶다.

그럼 말 나온 김에 삼겹살 먹으러 갈까?

1) 교수님 뵈러 학교에 온 거야?

응. ______________________

____

2) 너무 졸려서 바람 쐬러 잠깐 밖에 나갔다 오려고요.

그럼 ______________________

____

3) 나 인터넷으로 전공 책 주문하려고 하는데 네 것도 같이 주문해 줄까?

고마워. 그럼 ______________________

____

4) 이 사진 보니까 우리 고등학교 때 친했던 친구들이 생각난다.

그러게. ______________________

____

활동 게임 방법을 보고 보기 와 같이 부탁해 보십시오.

게임 방법

① 두 팀으로 나눈다.

② 활동지를 잘라서 학생들에게 하나씩 나누어 준다.

③ 교사는 시작과 동시에 시간을 잰다.

④ 각 팀에서 한 사람씩 나와서 보기 와 같이 질문을 하고 '-(으)ㄴ/는 김에'를 사용해 부탁한다.

⑤ 마지막 사람까지 부탁을 하고 시간을 확인한다. 상대 팀 역시 같은 방법으로 시간을 잰다.

⑥ 두 팀 중 빨리 끝낸 팀이 이기게 된다.

배가 고파서 라면을 끓이려고요.	옷을 맡기러 세탁소에 가는 길이에요.	가수 OO의 콘서트 표를 예매하려고요.
목이 말라서 물을 마시러 가려고요.	마트에서 장 보고 있어요.	내일이 친구 생일이어서 선물로 줄 화장품을 고르는 중이에요.
백화점에 겨울 코트를 사러 왔어요.	너무 졸려서 커피를 마시러 나갈까 해요.	오늘 학교에 못 가서 친구에게 오늘 수업에 대해 물어보려고요.
고향 음식이 먹고 싶어서 만들고 있어요.	약속이 있어서 홍대에 가요.	중국집에 전화해서 자장면을 시킬 거예요.
여행 가서 묵을 호텔 가격을 알아보고 있어요.	오랜만에 서점에 가서 소설책을 읽으려고요.	발표 준비를 하려고 도서관에 가고 있어요.

보기 가 팀: 지금 뭐해요?

나 팀: 배가 고파서 라면을 끓이려고요.

가 팀: 그럼 라면 끓이는 김에 제 것도 같이 끓여 주세요.

15 동작동사 (으)ㄹ 뻔하다

15-1

준서 장민 씨, 지금 어디예요? 기차가 곧 출발할 거예요.

장민 지금 가는 중이에요. 커피 사느라고 좀 늦었어요. 준서 씨, 기차 타러 어디로 가야 돼요?

준서 1번 승강장으로 오세요. 빨리 와야 돼요.

장민이 기차에 올라탄 후

장민 어휴, 조금만 더 늦었으면 기차를 **놓칠 뻔했네요.**

'동작동사 (으)ㄹ 뻔하다'는 앞의 말이 나타내는 상황이 일어나지는 않았지만 일어나기 직전까지 갔음을 나타낼 때 사용한다.

- 가: 아까 운동장에서 날아오는 공에 **맞을 뻔했어.**
  나: 정말? 안 다쳐서 다행이다.

- 가: 아침에 지하철이 또 고장났다면서?
  나: 응. 집에서 조금만 늦게 출발했으면 **지각할 뻔했어.**

- 메시지를 확인하느라고 차가 오는 걸 못 보고 **부딪힐 뻔했다.**

- 내가 다니고 싶었던 회사에 최종 합격했다는 소식을 듣고 너무 기뻐서 소리를 **지를 뻔했다.**

연습 1 알맞은 것을 골라 문장을 완성하십시오.

늦다	밟다	들키다	치이다	떨어뜨리다

1) 지하철 안에서 졸다가 들고 있던 가방을 ______________________.

2) 알람 시계가 고장 나는 바람에 수업 시간에 ______________________.

3) 버스가 심하게 흔들리는 바람에 옆 사람의 발을 ______________________.

4) 여자 친구한테 거짓말하고 놀러 갔다가 여자 친구한테 ______________________.

5) 골목에서 갑자기 오토바이가 나오는 바람에 오토바이에 ______________________.

연습 2 그림을 보고 알맞은 것을 골라 문장을 완성하십시오.

토하다	✔ 기절하다	주저앉다	소리를 지르다

1) 

옷에 붙어 있는 가격을 보고 너무 비싸서 기절할 뻔했다.

2) 

갑자기 쥐가 나오는 바람에 깜짝 놀라서 ______________.

3) 

위에서 아래를 내려다보고는 다리에 힘이 풀려서 ______________.

4) 

지난주에 설악산에 갔다 왔는데 버스를 오래 타서 ______________.

연습 3 대화를 완성하십시오.

1) 가: 선생님한테 발표 자료 보냈어? 오늘까지 보내는 거 맞지?

나: 아, 맞다. 너 아니었으면 ______________________________.

2) 가: 명동역에 가려면 이번 역에서 4호선으로 갈아타야 되지 않아?

나: 맞아. 빨리 내리자. 조금만 늦었으면 ________________________.

3) 가: 어제 가스 불을 켜 놓고 잠이 드는 바람에 ______________________________.

나: 깜짝 놀랐겠어요. 다음부터는 조심하세요.

4) 가: 흐엉 씨, 지금 강아지에게 초콜릿을 주는 거예요? 개들은 초콜릿을 먹으면 큰일 나요.

나: 정말요? ______________________________.

활동 다음 중 하나를 골라 보기 와 같이 이야기해 보십시오.

- ☑ 죽을 뻔한 경험
- ☐ 기절할 뻔한 경험
- ☐ 심장이 멎을 뻔한 경험
- ☐ 사고가 날 뻔한 경험
- ☐ 부모님을 잃어버릴 뻔한 경험
- ☐ 기타 ________

언제	어렸을 때, 어느 여름날
어디에서	수영장
무슨 일	물에 빠졌다

보기 저는 어렸을 때 물에 빠져 죽을 뻔한 적이 있어요. 친구들과 수영장에 가서 물놀이를 하는데 갑자기 몸이 점점 물속으로 들어갔어요. 수영도 못 하는데 튜브의 바람이 빠져서 몸이 가라앉았어요. 소리를 지르니까 근처에 있던 안전 요원이 와서 저를 구해 줬어요.

- ☐ 죽을 뻔한 경험
- ☐ 기절할 뻔한 경험
- ☐ 심장이 멎을 뻔한 경험
- ☐ 사고가 날 뻔한 경험
- ☐ 부모님을 잃어버릴 뻔한 경험
- ☐ 기타 ________

언제	
어디에서	
무슨 일	

16 동사 든(지)

16-1

장민　벌써 점심시간이네. 날씨도 더운데 우리 냉면 먹을까?

나츠미　좋지. 전에 갔던 그 식당이 맛있었는데 오늘도 사람이 많겠지?

장민　그래도 일단 한번 가 보자.

나츠미　그래. 가서 사람이 많으면 다른 데 **가든지** 조금 **기다리든지** 하자.

'동사 든(지)'는 나열된 동작이나 상태 중에서 어느 하나를 선택함을 나타낼 때 사용한다.

- 가: 다음 주 모임에 세 명이나 사정이 있어서 못 온다고 하는데 어떡하지?
  나: 그럼 이번 모임은 날짜를 **미루든지** 취소를 **하든지** 하자.
- 내일이 이번 학기 마지막 날인데 같이 식사라도 **하든지** 할까요?

어느 것이 선택되어도 상관이 없음을 나타낼 때도 사용한다.

- 가: 엄마, 이 옷 너무 비싸지 않아요?
  나: 생일 선물이니까 **싸든 비싸든** 상관없이 네가 마음에 드는 걸로 골라.
- 나는 사실을 말했으니까 **믿든지 말든지** 마음대로 해.

'누구, 언제, 어떻게, 어떤' 등의 표현과 함께 사용할 수 있다.

- 가: 내일 몇 시에 만나서 발표 준비할까?
  나: 나는 특별한 일이 없으니까 언제 **만나든지** 상관없어.
- 우리 부모님은 내가 어떤 선택을 **하든지** 항상 나를 믿고 응원해 주신다.

연습 1 보기 와 같이 친구와 이야기해 보십시오.

보기

꼭 읽고 싶었던 책인데 지금 대출 중이네. 어떡하지?

대출 예약을 해 놓다

근처 서점에서 사서 보다

그럼 대출 예약을 해 놓든지 근처 서점에서 사서 보든지 해.

1) 노트북이 오래돼서 그런지 자꾸 고장이 나네.

AS를 받다

새로 사다

2) 내가 만들면 음식이 별로 맛없는데 어떻게 하면 잘 할 수 있을까?

요리 영상을 보고 따라 하다

요리 학원에 다니다

3) 이 바지가 마음에 드는데 M사이즈는 품절이네요.

다른 매장에 가 보다

인터넷으로 찾아보다

4) 어떤 전공을 선택해야 될지 모르겠어.

선배들에게 물어보다

진로 상담을 받아 보다

연습 2 보기 와 같이 대화를 완성하십시오.

> 보기 가: 쓰레기봉투를 대형 마트에서 사면 더 싼가요?
> 나: 대형 마트에서 사든지 편의점에서 사든지 가격은 같아요.

1) 가: 파마를 하려고 하는데 머리가 길면 더 비싼가요?

   나: 머리가 ______________________ 추가 요금은 없습니다.

2) 가: 직업을 선택할 때는 월급이 제일 중요한 것 같아.

   나: 그래? 나는 월급이 ______________________ 적성에 맞는 일을 하고 싶어.

3) 가: 학교 앞에서 지하철역까지 버스를 타는 게 더 빠르겠지?

   나: 글쎄. 이 시간에는 길이 막혀서 ______________________ 시간은 비슷할 거야.

4) 가: 오늘 너무 피곤한데 그 모임 꼭 가야 돼?

   나: 중요한 모임이라고 했잖아. 나는 갈 거니까 너는 ______________________ 마음대로 해.

연습 3 알맞은 것을 골라 문장을 완성하십시오.

가다	만들다	맡기다	전화하다

1) 친구와 함께라면 어디에 ______________ 즐거운 여행이 될 거예요.

2) 상진 씨는 책임감이 강해서 무슨 일을 ______________ 믿을 만합니다.

3) 고향에 있는 내 친구는 내가 언제 ______________ 반갑게 받아 준다.

4) 이 양념만 있으면 누가 ______________ 맛있는 불고기를 만드실 수 있습니다.

연습 4 보기 와 같이 친구와 이야기해 보십시오.

보기

딸꾹질이 멈추지 않고 계속 나네.

그럼 물을 한 컵 정도 마시든지 숨을 참든지 해 봐.

1) 머리 모양을 좀 바꾸려고 하는데 어떻게 하면 좋을까?

2) 외국어 공부를 좀 해야 하는데 학원에 다닐 시간이 없네.

3) 문화 체험 행사는 비가 와도 예정대로 진행되나요?

4) 사장님, 카드 말고 현금으로 계산하면 좀 더 싸게 해 주시나요?

활동 보기 와 같이 친구와 이야기해 보십시오.

상황

원래 계획	오후에 서울 광장에 스케이트를 타러 가기로 했다.
달라진 상황	아침부터 비가 온다.
대안	① 볼링을 치러 간다. ② 영화를 보러 간다.

보기

가: 우리 오후에 스케이트 타러 가기로 했잖아.
그런데 아침부터 비가 와.

나: 정말? 그럼 어떡하지?

가: 그럼 볼링을 치든지 영화를 보든지 하자.

1

원래 계획	다음 주에 친구들과 졸업 여행을 가기로 했다.
달라진 상황	어제 갑자기 장민이 다리를 다쳤다.
대안	① 여행 날짜를 연기하다. ② ________________

2

원래 계획	6시 퇴근 후 대학로에서 7시에 친구를 만나기로 했다.
달라진 상황	회사에서 하는 회의가 길어져서 7시 정도에 퇴근할 것 같다.
대안	① ________________ ② ________________

17 동사 (으)ㄹ 텐데

17-1

지아　나츠미 씨, 이번 주말에 특별한 일 없으면 쇼핑하러 갈래요?

나츠미　미안해요. 다음 주에 말하기 시험이 있어서 시간이 안 날 것 같아요.

지아　시험요? 혼자 준비하면 **힘들 텐데** 제가 도와줄까요?

나츠미　정말요? 도와주면 고맙죠.

'동사 (으)ㄹ 텐데'는 앞에 화자의 추측을 나타내면서 그와 관계있는 내용을 이어서 말할 때 사용한다. 뒤에는 주로 제안, 명령, 질문 등이 온다.

- 가: 루카스 씨에게 연락이 없네요. 전화해 볼까요?
  나: 지금 바빠서 **못 받을 텐데** 연락이 올 때까지 기다려 보세요.
- 가: 내일 우리 집에서 이반이랑 같이 밥 먹기로 했잖아. 제육볶음 만들어 먹을까?
  나: 제육볶음? 이반한테는 좀 **매울 텐데** 다른 음식으로 하는 건 어때?
- 가: 혹시 소포 받았어요? 지금쯤이면 **도착했을 텐데요.**
  나: 아직 안 왔어요. 한번 확인해 볼게요.
- 가: 어? 타냐한테 전화가 왔네.
  나: 그래? 지금 **근무 중일 텐데** 무슨 일이지?
- **바쁘실 텐데** 이렇게 참석해 주셔서 진심으로 감사드립니다.

연습 1 보기 와 같이 다음을 연결하십시오.

보기

지금 퇴근 시간이라 지하철이 붐비다	한 시간 뒤에 출발하지 그래요?

> 지금 퇴근 시간이라 지하철이 붐빌 텐데 한 시간 뒤에 출발하지 그래요?

1)	비가 와서 저녁에 쌀쌀하다	나갈 때 겉옷을 챙기세요.
2)	빨리 먹지 않으면 찌개가 식다	따뜻할 때 얼른 먹어.
3)	주말에 전시회에 가면 복잡하다	평일 저녁에 가는 게 어때요?
4)	그렇게 천천히 준비하다가는 수업에 늦다	빨리 준비하고 나가자.
5)	신경 쓸 일도 많다	이렇게 도와줘서 고마워.

연습 2 알맞은 것을 골라 대화를 완성하십시오.

크다　　끝나다　　도착하다　　지루하다

1) 가: 이번 방학 때는 아무 데도 안 가고 집에서 푹 쉴 생각이야.
   나: 방학 내내 집에만 있으면 ____________________ 짧게라도 어디 갔다 오자.

2) 가: 벌써 약속 시간이 30분이나 지났는데 아직 장민 씨 안 왔어요?
   나: 네. 아까 출발했으면 벌써 ____________________ 연락이 없어서 걱정되네요.

3) 가: 오늘 지난번에 보고 싶다고 한 영화 보러 갈래요?
   나: 개봉한 지 오래돼서 영화 상영이 ____________________ 다른 영화 보는 건 어때요?

4) 가: 아침에 뉴스에서 봤는데 올여름에는 우리 나라에 태풍이 자주 올 거래.
   나: 큰일이네. 미리 준비하지 않으면 나중에 피해가 ____________________.

연습 3 보기 와 같이 친구와 이야기해 보십시오.

보기

내일 등산 갈 때
준비해야 할 게 있을까?

등산하면 갈증이 날 텐데
음료수 좀 사 가자.

1) 조금 출출한데 야식으로
라면 끓여 먹을까?

그런데 ____________
____

2) 내일 아침까지 폭설이
내린대요.

그럼 내일 아침에는 ______
____

3) 오늘 처리해야 할 업무가
많아서 회사에 늦게까지
있어야 할 것 같아요.

야근하면 ____________
____

4) 흐엉이 이번 시험에 떨어진
것 같아.

시험에 떨어졌으면 ______
____

활동 보기 와 같이 친구와 이야기해 보십시오.

상황 친구가 감기에 걸렸는데 병원에 가지 않는다.

추측

그대로 있으면 감기가 더 심해진다.

보기

가: 나츠미, 아직도 병원에 안 갔어?

나: 응. 약 먹으면 괜찮아질 것 같아서 아직 안 갔어.

가: 그대로 있으면 감기가 더 심해질 텐데 얼른 병원에 가 봐.

나: 알겠어. 이번 주 안으로 꼭 갈게.

1 친구가 부모님께 연락을 자주 드리지 않는다.

추측

연락을 안 드리면 부모님께서 걱정하신다.

2 친구가 놀이공원에 구두를 신고 가려고 한다.

추측

18 아무 명사 (이)나

18-1

루카스 지아 씨, 지금 뭐 하고 있어요?

지아 드라마 보는 중이에요.

루카스 어? 그런데 이 드라마 지난주에 끝났잖아요.

지아 지난주에 친구 만나느라고 마지막 회를 못 봤거든요. 이렇게 지난 드라마도 인터넷으로 **아무 때나** 볼 수 있어서 좋은 것 같아요.

'아무 명사(이)나'는 특정한 것을 정하지 않고 말할 때 사용한다. 사람을 가리킬 때는 '아무나', 사물을 가리킬 때는 '아무거나', 장소를 가리킬 때는 '아무 데나', 시간을 가리킬 때는 '아무 때나'를 쓴다. 뒤에 긍정 표현이 오면 어떤 것이나 가능함을 나타낸다.

- 가: 여기 메뉴가 많네요. 뭐 먹을까요?
  나: 전 **아무거나** 괜찮아요. 지아 씨가 먹고 싶은 걸로 주문하세요.
- 가: 레아 씨, 숙소를 예약하려고 하는데 침대 방이 좋아요, 온돌방이 좋아요?
  나: 전 **아무 데서나** 잘 자니까 지아 씨가 원하는 방으로 해요.
- 오후에는 계속 사무실에 있으니까 **아무 때나** 오셔도 됩니다.

뒤에 부정 표현이 오면 그중 특정한 것만 가능함을 나타낸다.

- 가: 주변에 주차할 데가 없네요. **아무 데나** 세워 둘 수도 없고 어쩌죠?
  나: 제가 한 번 더 찾아볼게요. 먼저 들어가 계세요.
- 가: 이 과자 강아지한테 좀 줄까요?
  나: 안 돼요. 강아지는 사람과 달라서 **아무거나** 먹으면 안 되거든요.
- 이 의상은 디자인이 아주 독특해서 **아무나** 소화할 수 없다.

'말, 일, 음식, 물건'이나 그것에 속하는 명사와 함께 쓸 수 있다.

- 가: 흐엉, 어제 말하기 시험 잘 봤어?
  나: 아니, 너무 긴장해서 **아무 말이나** 한 것 같아.
- 갑자기 친구가 집 앞에 와 있다고 해서 **아무 옷이나** 입고 나갔다.

연습 1 문장을 완성하십시오.

1) 제 친구는 가리는 음식이 없어서 ________________ 잘 먹어요.

2) 이 공연장은 지정석이 아니기 때문에 ________________ 앉아도 됩니다.

3) 이 식당은 24시간 배달 서비스가 가능하니까 ________________ 시켜 먹을 수 있어요.

4) 통역할 사람이 필요해서 친구한테 가능한 사람 중에 ________________ 소개해 달라고 했다.

연습 2 그림을 보고 문장을 완성하십시오.

1) 

이 쿠폰은 ________________ 사용할 수 없어요.
정해진 기간에만 사용할 수 있어요.

2) 

이 강의실에는 ________________ 들어갈 수 없습니다.
수강생만 들어갈 수 있습니다.

3) 

다 쓴 건전지를 ________________ 버리지 마세요.
폐건전지 수거함에 버려 주세요.

4) 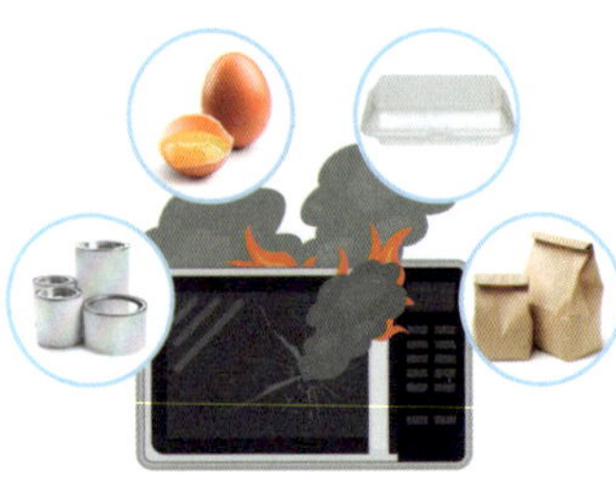

전자레인지에 ________________ 넣고 돌리지 마십시오.
폭발의 위험이 있습니다.

연습 3 알맞은 것을 골라 문장을 완성하십시오.

약	옷	음식	종이

1) 식품 알레르기가 있는 사람은 ______________ 먹으면 안 됩니다.

2) 한나는 키도 크고 날씬해서 ______________ 입어도 잘 어울립니다.

3) 어린아이들은 피부가 약해서 상처에 ______________ 바르면 안 돼요.

4) 나는 생각이 떠오르면 ______________ 꺼내서 메모하는 습관을 가지고 있다.

연습 4 대화를 완성하십시오.

1) 가: 청량리에 가려면 몇 번 버스를 타야 하지?

   나: 여기를 지나가는 버스는 다 청량리에 가니까 ______________ 타고 가자.

2) 가: 소식 들었어요? 우리 학교 3학년 학생이 국가 대표로 뽑혔대요.

   나: 와, 정말요? 국가 대표는 ______________ 되는 게 아닌데 정말 대단하네요.

3) 가: 와, 이 생선은 처음 먹어 보는데 정말 맛있네요.

   나: 그렇죠? 이게 지금 딱 제철이거든요. ______________ 먹을 수 없어요.

4) 가: 지아 씨, 이 꽃은 ______________ 잘 자라니까 방에서 키워도 잘 자랄 거예요.

   나: 정말 고마워요. 잘 키울게요.

5) 가: 이번 주말에 우리 집에서 하는 파티에 올 거지?

   나: 응, 그런데 내 룸메이트랑 같이 가도 될까? 그 친구는 ______________ 잘 어울리니까 금방 친해질 수 있을 거야.

활동 안내 표지판을 보고 **보기** 와 같이 이야기해 보십시오.

보기

이 놀이 기구는 아무나 탈 수 있어요?

이 놀이 기구는 아무나 탈 수 없어요. 7세 이하 어린이만 탈 수 있어요.

19 동사 기/게 마련이다

🎧 19-1

첸	타냐 씨, 오늘 점심에 뭐 먹을까요?
타냐	오늘은 왠지 따뜻한 음식을 먹고 싶네요.
첸	오늘 날씨가 추워서 그런가 봐요. 추울 때는 따뜻한 음식이 **생각나기 마련이잖아요.**
타냐	그럼 칼국수 어때요?

'동사 기/게 마련이다'는 어떤 일이 일어나거나 어떤 상태가 되는 것이 당연함을 나타낼 때 사용한다.

- 가: 부서를 옮겨서 새로운 업무에 적응하는 게 힘드네요. 요즘 실수도 잦은 편이고요.
  나: 누구나 처음에는 **실수하기 마련이잖아요.** 시간이 지나면 익숙해질 거예요.
- 가: 이번 유럽 여행에서 여권을 잃어버려서 여행을 망쳐 버렸어.
  나: 여행을 하다 보면 그런 일도 **있게 마련이니까** 잊어버려.
- 먼저 웃으며 인사하는 사람에게는 호감이 **가기 마련이에요.**
- 기대가 크면 실망도 **크기 마련이다.**

연습 1 알맞은 것을 골라 문장을 완성하십시오.

정들다	서투르다	✔ 벌을 받다
단점이 있다	집 생각이 나다	

1) 죄를 지으면 언젠가 벌을 받기 마련이다.

2) 오랫동안 같이 지내다 보면 ______________________.

3) 혼자 사는데 아프면 누구나 ______________________.

4) 처음 하는 일은 무슨 일이든지 ______________________.

5) 아무리 완벽해 보이는 사람이라도 ______________________.

연습 2 보기 와 같이 문장을 완성하십시오.

보기

추운 날씨에 옷을 얇게 입으면
감기에 걸리기 마련이에요.

1)

장시간 운전을 하면
______________________.

2)

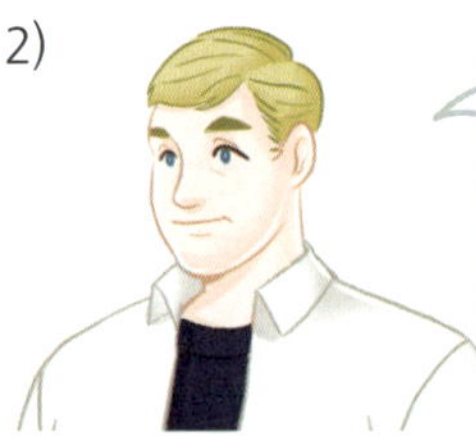

꾸준히 노력하면
______________________.

3)

오래 사귀다 보면
______________________.

4)

일을 급하게 하다가 보면
______________________.

연습 3 대화를 완성하십시오.

1) 가: 준서 씨가 4학년이 되니까 진로에 대해 고민을 많이 하더라고요.

나: 원래 졸업할 때가 되면 ________________.

2) 가: 오늘 지각한 걸 과장님께 들키면 안 되는데. 아파서 병원에 갔다 왔다고 할까?

나: 거짓말은 언젠가는 ________________(이)니까 그냥 사실대로 말해.

3) 가: 어제 교통사고가 나자마자 머릿속이 하얘지고 그 후로 아무 생각도 안 나더라고요.

나: 운전하다가 갑자기 사고가 나면 누구나 ________________.

4) 가: 요즘 체력이 떨어져서 조금만 무리해도 힘이 드네요. 옛날 같지 않아요.

나: 나이가 들면 ________________(이)니까 꾸준히 운동을 하고 규칙적으로 생활해야 돼요.

5) 가: 여보, 이 집이 괜찮은 것 같은데 바로 계약할까요?

나: 아직 몇 군데밖에 안 봤으니까 좀 더 봅시다. 급하게 결정하면 ________________.

활동 보기 와 같이 친구의 고민에 대해 조언해 보십시오.

보기

1

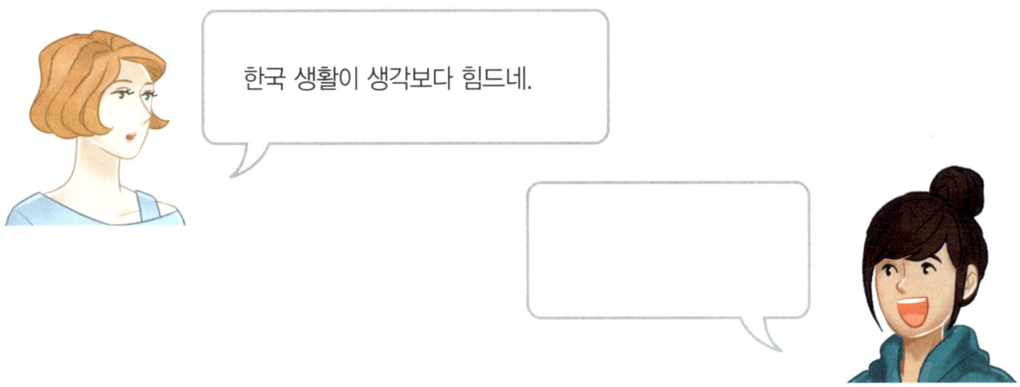

2

20 동사 (으)므로

20-1

리포터 오늘부터 사흘간 여의도에서 불꽃 축제가 열립니다. 축제 기간 동안 교통 혼잡이 **예상되므로** 대중교통을 이용해 주시기 바랍니다.

'동사 (으)므로'는 앞의 내용이 뒤에 오는 내용의 이유나 근거임을 나타낸다. 공식적으로 말하거나 글을 쓸 때 사용한다.

- 여름철에는 물놀이 안전사고가 자주 **발생하므로** 주의하시기 바랍니다.
- 오늘은 일교차가 **크므로** 외출할 때 가벼운 겉옷을 준비하는 게 좋겠습니다.
- 우편으로는 서류 접수를 **받지 않으므로** 반드시 방문하여 접수해 주시기 바랍니다.
- 이 약은 부작용이 생길 수 **있으므로** 복용하기 전에 주의 사항을 확인해야 합니다.
- 여기는 회원 전용 **공간이므로** 회원이 아닌 사람은 이용할 수 없습니다.

연습 1 보기 와 같이 다음을 연결하십시오.

보기 연휴 기간에는 배송이 지연될 수 있다 — 양해 부탁드립니다

→ 연휴 기간에는 배송이 지연될 수 있으므로 양해 부탁드립니다.

1)	음료가 매우 뜨겁다	드실 때 조심하시기 바랍니다
2)	이 제품은 깨지기 쉽다	주의해 주십시오
3)	출석률도 성적에 반영되다	시험은 물론 출석 관리에도 신경 써야 합니다
4)	내일 오전부터 많은 양의 비가 예상되다	출근길 안전에 유의하시기 바랍니다
5)	건물 전체가 금연 구역이다	실내에서는 담배를 피울 수 없습니다

연습 2 알맞은 것을 골라 문장을 완성하십시오.

가능하다 도착하다 시작되다 우려되다 위험하다

1) 공연이 곧 ______________ 휴대폰 전원을 꺼 주시기 바랍니다.

2) 열차가 곧 서울역에 ______________ 내리실 분들은 미리 준비하시기 바랍니다.

3) 최근 지속적인 폭우로 산사태 피해가 ______________ 차량 통행을 제한합니다.

4) 이 서비스는 회원만 이용이 ______________ 회원 가입 후 이용하실 수 있습니다.

5) 이 장난감은 만 3세 미만의 어린이에게 ______________ 보호자의 주의가 필요합니다.

연습 3 그림을 보고 보기 와 같이 이야기해 보십시오.

보기

교통이 통제되므로 우회 도로를
이용하시기 바랍니다.

1)

2)

3)

4)

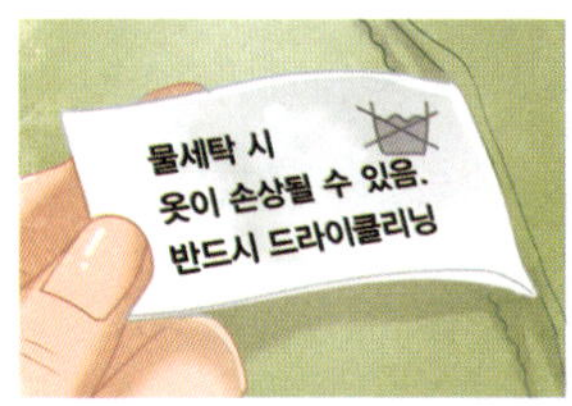

활동 직원이 되어서 보기 와 같이 쓰십시오.

보기

환불 문의

받는사람 고객 센터

이 쇼핑몰에서 옷을 샀습니다. 그런데 사기 전에 제가 생각한 것보다 색이 많이 진해서 마음에 들지 않습니다. 환불할 수 있을까요?

불가능한 이유: 단순히 마음이 변해서 바꾸고 싶은 경우에는 환불이 불가능하다. 교환만 가능하다.

↳ 죄송하지만 단순히 마음이 변해서 바꾸고 싶은 경우에는 환불이 불가능하므로 양해해 주시기 바랍니다. 다른 옷으로 교환만 가능합니다.

진료 문의

받는사람 고객 센터

내일 병원에 방문하려고 하는데 예약이 모두 마감되었다고 합니다. 내일 병원에 가서 기다리면 진료를 받을 수 있을까요?

불가능한 이유: 예약을 하지 않으면 진료를 받을 수 없다. 다른 날짜로 예약을 해야 한다.

↳

교환 문의

받는사람 고객 센터

여행 일정이 갑자기 변경되어서 내일 출발하는 비행기표를 교환하고 싶은데 가능한가요?

불가능한 이유:

↳

21 동사 (으)ㄴ/는 척하다

21-1

상진　어제 우연히 회사 근처에서 첫사랑을 봤어.

친구　그래? 그럼 말이라도 해 봤어?

상진　아니. 말을 걸어 볼까 했는데 일행이 있는 것 같아서 그냥 **모르는 척했어**.

'동사 (으)ㄴ/는 척하다'는 실제로는 그렇지 않은데 그런 것처럼 어떤 동작이나 상태를 거짓으로 꾸밈을 나타낼 때 사용한다.

- 가: 이반, 너 스키 잘 못 타잖아. 아까 왜 잘 **타는 척했어**?
  나: 좋아하는 여자가 옆에 있어서 멋있어 보이려고.

- 가: 지아가 최종 면접에서 떨어졌대.
  나: 그래? 그럼 네가 위로 좀 해 줘. 지아가 **괜찮은 척해도** 사실은 많이 힘들 거야.

- 그 사람은 회사에 있는 다른 동료들을 무시하고 혼자 **잘난 척한다**.

- 최근 교통사고를 낸 뒤 **피해자인 척하며** 돈을 요구하는 범죄가 늘고 있습니다.

연습 1 알맞은 것을 골라 문장을 완성하십시오.

돌다	좋아하다	신입생이다	못 듣다	아무렇지 않다

1) 취업에 실패하면서 자신감을 많이 잃었지만 겉으로는 ______________________.

2) 아이가 장난감을 사 달라고 했지만 엄마는 아이의 말을 ______________________.

3) 지난주에 열린 신입생 환영회에서 2학년 선배들이 ______________________고 앉아 있었다.

4) 김현준 선수는 오른쪽으로 ______________________다가 왼쪽으로 방향을 바꿔서 상대 선수를 속였다.

5) 회식을 하자고 하는 동호회 회원들의 말에 분위기를 망치고 싶지 않아서 ______________________.

연습 2 대화를 완성하십시오.

1) 가: 깜짝 생일 파티 준비는 다 됐어. 이제 나츠미만 이 방으로 불러오면 돼.

나: 알겠어. 나츠미를 데리고 올 테니까 내가 말할 때까지는 ______________________.

2) 가: 어제 뉴스 봤어? 이 근처에서 강도 사건이 있었대.

나: 아 그거? 나도 봤어. 옷 가게에 들어가서 ______________________다가 강도로 변했다면서?

3) 가: 발표 준비를 하다가 준서랑 다퉜다면서? 얼른 화해해.

나: 나도 그러려고 했지. 그런데 아까 나를 봤으면서도 ______________________고 그냥 가더라고.

4) 가: 민수야, 고등학교 때 우리가 부모님 속을 많이 썩이지 않았냐?

나: 그러게. 도서관에 ______________________(으)면서 PC방에 가서 하루 종일 게임만 한 적도 있잖아.

연습 3 보기 와 같이 문장을 완성하십시오.

보기

준서야, 안 자는 거 다 알아.
오늘부터 운동하기로 했잖아.
빨리 일어나.

알고 있었어? 가기 싫어서
누워 있었는데.

> 준서는 운동하러 가기 싫어서 누워서 자는 척했다.

1) 지아야, 어제 급한 일이 생겨서
동아리 모임에 못 갔다면서?

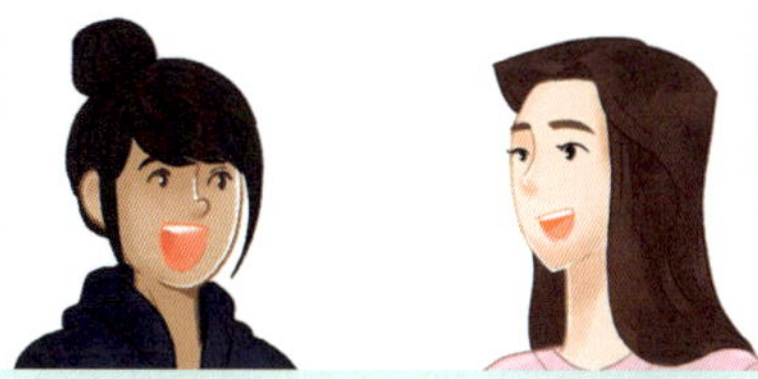

사실은 가고 싶지 않아서
핑계 댔어.

> 지아는 ______________________________.

2) 장민, 아까 다리도 안 다쳤으면서
왜 절뚝거렸어?

선배가 같이 농구하자고
하는데 하기 싫었거든.

> 장민은 ______________________________.

3) 이반, 컴퓨터를 못하면서
후배에게는 왜 잘하는 것처럼
말해?

이번 기회에 그 후배랑
친해지고 싶어서.

> 이반은 ______________________________.

4) 한나, 음식도 많이 안 먹었으면서
레아한테 왜 배부르다고 했어?

레아가 만든 음식이니까
웬만하면 먹으려고 했는데
정말 맛없더라고.

> 한나는 ______________________________.

활동 보기 와 같이 이야기해 보십시오.

(잘하는) 척한 경험	그렇게 한 이유	일어난 일
기타를 잘 치는 척했다.	좋아하는 여학생에게 잘 보이고 싶어서	여학생이 자신의 생일에 기타 연주를 하면서 노래를 불러 달라고 했다.

보기 저는 고등학교 때 좋아하는 여학생에게 잘 보이고 싶어서 기타를 잘 치는 척했어요. 어느 날 그 여학생이 저에게 자신의 생일에 기타 연주를 하면서 노래를 불러 달라고 했어요. 그 말을 듣고 저는 큰일 났다고 생각했지만 기타를 못 치는 걸 들키고 싶지 않아서 생일날까지 노래 한 곡을 반복해서 연습했어요. 그리고 생일날 저는 그 여학생 앞에서 기타를 치면서 노래를 불러 줬어요.

(　　) 척한 경험	그렇게 한 이유	일어난 일

22 동사 (으)ㄴ/는 데다(가), 명사 에다(가)

22-1

흐엉　오늘 서핑할 수 있을까요?

나츠미　글쎄요. 오늘 날씨가 별로 안 좋네요.

흐엉　그렇죠? 오늘은 비가 **오는 데다가** 바람도 많이 불어서 못 할 것 같아요.

'동사 (으)ㄴ/는 데다(가)'는 앞의 동작이나 상태에 다른 동작이나 상태가 더해져서 정도가 더 심해짐을 나타낼 때 사용한다.

- 가: 저 가수가 요즘 방송에 많이 나오네요.
  나: 노래를 잘 **부르는 데다가** 춤도 잘 춰서 인기가 많거든요.
- 가: 괜찮은 휴대폰 좀 추천해 주세요.
  나: 이건 어떠세요? 가격이 **저렴한 데다가** 화면도 커서 잘 팔려요.
- 친구들이 모두 취직을 **한 데다** 결혼까지 해서 예전만큼 자주 못 만나요.

'명사 에다(가)'는 앞의 명사에 뒤의 명사가 더해짐을 나타낼 때 사용한다.

- 가: 장민 씨가 주로 가는 커피숍은 어디예요?
  나: 경희 커피숍요. 학생 **할인에다가** 무료 쿠폰까지 받을 수 있어서 자주 가요.
- 이번 주말에는 벚꽃 **축제에다** 마라톤 대회도 겹쳐서 교통이 복잡하겠습니다.

연습 1 보기 와 같이 다음을 연결하십시오.

보기 이 만화는 캐릭터가 귀엽다 → 개성이 강하다 → 아이들이 좋아하다

이 만화는 캐릭터가 귀여운 데다가 개성도 강해서 아이들이 좋아해요.

1)	룸메이트가 코를 골다	잠꼬대를 하다	잠을 잘 못 자다
2)	홍삼은 면역력에 좋다	몸을 따뜻하게 해 주다	건강에 도움이 되다
3)	우리 반장은 리더십이 있다	유머 감각이 좋다	친구들에게 인기가 있다
4)	어제 야근을 했다	감기약을 먹었다	졸음이 쏟아지다
5)	추석은 한국의 큰 명절이다	연휴가 길다	고향에 가는 사람이 많다

연습 2 알맞은 것을 골라 대화를 완성하십시오.

내복	라면
✔졸업 시험	전자레인지

조끼	청소기
아이스크림	✔자격증 시험

1) 가: 요즘 많이 바빠요? 얼굴 보기가 힘드네요.
   나: 네. 졸업 시험에다가 자격증 시험까지 겹쳐서 잠잘 시간도 없어요.

2) 가: 타냐 씨, 어디 아파요? 얼굴이 창백해요.
   나: 어제 새벽에 ________ ________까지 먹어서 배탈이 났나 봐요.

3) 가: 옷 따뜻하게 입었어요? 오늘 최저 기온이 영하 10도까지 내려간대요.
   나: 네. ________ ________까지 든든하게 입었으니까 걱정하지 마세요.

4) 가: 가전제품 할인 매장이 새로 문을 열었다면서요?
   나: 네. 얼마 전에 가 봤는데 할인을 많이 하더라고요. 그래서 저도 ________ ________도 저렴하게 샀어요.

연습 3 보기 와 같이 친구와 이야기해 보십시오.

보기

지난 주말에 한 등불 축제 어땠어요?

등불 종류가 많은 데다가 색도 독특하고 아름다워서 재미있었어요.

1) 어제 병원에 왜 다녀왔어요?

2) 루카스 씨는 항상 같은 커피숍에서 커피를 사 오네요.

3) 나츠미 씨, 오늘 등산한다고 하지 않았어요? 왜 안 가고 있어요?

4) 이사한 지 얼마 안 됐는데 또 이사하려고요?

활동 보기 와 같이 지난 주말에 한 일에 대해 이야기해 보십시오.

보기

- 한 일
  소개팅
- 좋았던 점
  취미가 비슷하다 / 이야기가 잘 통하다

저는 지난 주말에 소개팅을 했어요.
소개팅을 한 사람과 취미가 비슷한 데다가
이야기도 잘 통해서 재미있었어요.
그래서 다음 주에 또 만나기로 했어요.

- 한 일

- 좋았던 점

23 동사 더니

23-1

나츠미 지아 씨, 웬 꽃이에요? 무슨 날이에요?

지아 아니에요. 준서가 갑자기 **오더니** 선물이라고 하면서 주고 가더라고요.

나츠미 정말요? 준서 씨가 지아 씨를 좋아하나 봐요.

'동작동사 더니'는 화자가 과거에 경험하여 알게 된 사실이나 상황을 나타낼 때 사용하며 뒤에는 앞의 내용과 관련된 내용이 온다. 과거에 알게 된 사실에 뒤이어 일어난 행위나 상황을 나타낼 때 사용한다.

- 가: 타냐 씨한테 무슨 일 있어요?
  나: 저도 잘 모르겠어요. 아까 전화를 **끊더니** 울면서 밖으로 나가더라고요.

- 장민이 책상 위에 있는 편지를 **보더니** 깜짝 놀라더라고요.

'동사 더니'는 과거에 알게 된 사실과 대조적인 사실이나 상황이 있음을 나타낼 때 사용한다.

- 가: 오늘 날씨 정말 좋네요.
  나: 그러게요. 지난주 내내 **춥더니** 오늘은 따뜻하네요. 이제 곧 봄이 오려나 봐요.

- 아까는 많이 **어지럽더니** 쉬고 나니까 괜찮아졌어요.

또한 화자가 과거에 알게 된 사실이 원인이 되어 어떤 결과가 있음을 나타낼 때도 사용한다.

- 가: 상진 씨가 오늘 아파서 결근한대요.
  나: 요즘 보고서 준비로 **무리하더니** 결국 병이 났나 봐요.

- 식당에 손님이 없어서 운영이 **힘들다고 하더니** 오늘 보니까 결국 문을 닫았더라고요.

연습 1 보기 와 같이 다음을 연결하십시오.

보기 갑자기 밖이 어두워지다 — 비가 내리다

➔ 갑자기 밖이 어두워지더니 비가 내리더라고요.

1)	나츠미가 전화를 끊다	지갑을 들고 나가다
2)	텔레비전을 보고 있는데 화면이 흐려지다	꺼져 버리다
3)	레아 집에 놀러 갔는데 강아지가 나를 보다	꼬리를 흔들면서 안기다
4)	내가 계산하려고 했는데 이반이 지갑을 꺼내다	밥값을 다 내다
5)	장민한테 무슨 일이 있었는지 바닥에 가방을 내려 놓다	인사도 하지 않고 방으로 들어가 버리다

연습 2 알맞은 것을 골라 문장을 완성하십시오.

집에 가다 / 웃기만 하다 / 귀엽기만 하다 / 돈을 펑펑 쓰다 / 입에도 못 대다

1) 민수가 어릴 때는 ________________ 이제는 남자답고 멋있어졌어요.

2) 결혼 전에는 상진 씨가 ________________ 결혼하고 나서는 돈을 얼마나 아껴 쓰는지 몰라요.

3) 나츠미가 한국에 오기 전에는 매운 음식을 ________________ 이제는 한국 사람보다 더 잘 먹네.

4) 한나가 예전에는 사람들이랑 있으면 아무 말도 안 하고 ________________ 지금은 나보다 더 말을 많이 해요.

5) 예전에는 장민이 수업이 끝나면 바로 ________________ 요즘에는 여자 친구와 데이트하느라 바쁘더라고.

연습 3 보기 와 같이 친구와 이야기해 보십시오.

보기

장민이 이번에 대학원에 합격했대.

열심히 공부하더니 결국 합격했나 보네.

1) 오늘 루카스가 발표인데 준비를 다 못 해서 선생님께 혼났어요.

제가 미리 하라고 했는데 ______________________ 결국 혼이 났네요.

2) 레아는 남자 친구하고 헤어진 거야?

응. ______________________ 헤어진 것 같아.

3) 상진 씨가 이번에 대리로 승진했다면서요?

네. ______________________ 동기 중에 제일 먼저 승진했대요.

4) 지아가 배가 아프다고 하면서 집에 가더라고요.

어제 ______________________ 배탈이 났나 보네요.

연습 4 알맞은 것을 골라 대화를 완성하십시오.

괜찮다고 하다	서비스도 좋다	대형 쇼핑몰이 생기다
슬럼프에 빠진 것 같다	아까부터 깜박거리다	

1) 가: 방송에 소개되고 나서 손님이 많아지니까 이 식당도 예전 같지 않네.

   나: 맞아. 예전에는 값도 싸고 ____________________________.

2) 가: 레아가 대학교 시험에 떨어져서 많이 속상했나 봐.

   나: 그러게. 우리한테는 ____________________________.

3) 가: 어두운데 왜 불을 안 켜고 있어요?

   나: 형광등이 나갔어요. ____________________________.

4) 가: 예전에는 여기에 옷 가게가 많았던 것 같은데 많이 바뀌었네요.

   나: 네. 이 근처에 ____________________________.

5) 가: 김호진 선수 오늘 컨디션이 아주 좋아 보이는데요.

   나: 네, 지난주까지는 ____________________________.

연습 5 보기 와 같이 친구와 이야기해 보십시오.

보기

이 컴퓨터 어떻게 고쳤어?
어제까지 고장 나서 안 됐는데.

아까 장민이 와서 여기저기
만지더니 다 고쳤더라고.

1) 루카스한테 무슨 좋은 일이 있나 봐. 기분이 정말 좋아 보이더라.

2) 한나 씨가 아르바이트를 그만뒀다면서요?

3) 지난주에 많이 아팠다면서요? 몸은 좀 괜찮아졌어요?

4) 이반은 갑자기 왜 집에 갔어?

활동 보기 와 같이 친구와 이야기해 보십시오.

상황 남편이 결혼 초와 달라졌다.

결혼 초	현재
일찍 퇴근해 저녁을 같이 먹었다.	매일 집에 늦게 들어온다.

보기

아내 : 여보, 당신 결혼 초랑 너무 달라진 거 아니야?
신혼 때는 일찍 퇴근해서 같이 저녁도 만들더니
요즘에는 매일 늦게 들어오잖아.

남편 : 요즘 회사 일이 많이 바쁘다 보니 그랬어. 미안해.

아내 : 바쁜 건 알지만 조금 일찍 와서 나랑 같이 보내는
시간도 있으면 좋겠어.

남편 : 알았어. 앞으로는 더 신경 쓸게.

1 학생이 학기 초와 학습 태도가 달라졌다.

학기 초	현재
수업 시간에 제일 크게 대답했다.	잘 참여하지 않는다.

2 이성 친구가 연애 초의 모습과 많이 달라졌다.

연애 초	현재

24 동작동사 았더니/었더니

24-1

상진　타냐 씨, 오늘 부장님께 보고서 제출했다면서요? 정말 수고 많았어요.

타냐　네, 고마워요.

상진　오늘은 일찍 퇴근하고 푹 쉬어요.

타냐　네. 며칠 보고서 때문에 **야근을 했더니** 너무 피곤하네요.

'동작동사 았더니/었더니'는 화자가 과거에 한 일이 원인이 되어 어떤 결과가 있음을 나타낼 때 사용한다.

- 가: 장민, 오늘 수업 시간 내내 왜 이렇게 졸아?
  나: 감기약을 **먹었더니** 졸려서 정신을 못 차리겠어.
- 가: 손등 다쳤어? 좀 부은 것 같은데.
  나: 모기 물린 곳이 좀 가려워서 **긁었더니** 이렇게 됐어.
- 무릎을 꿇고 오래 **앉아 있었더니** 다리가 저려요.

화자가 어떤 일을 한 후에 발견한 것을 말할 때도 사용한다.

- 가: 배송 받으신 제품에 무슨 문제가 있었나요?
  나: 상자를 **열었더니** 주문한 그릇이 깨져 있었어요.
- 문의할 게 있어서 사무실에 전화를 **걸었더니** 담당자가 자리를 비웠다고 하더라고요.

연습 1 보기 와 같이 다음을 연결하십시오.

보기 점심에 기름진 음식을 먹다 → 속이 계속 느끼하다

점심에 기름진 음식을 먹었더니 속이 계속 느끼해요.

1)	저녁에 생선을 굽다	온 집안에 생선 냄새가 가득하다
2)	추워서 옷을 많이 껴입다	활동하기가 불편하다
3)	슬픈 영화를 보면서 울다	눈이 붓다
4)	선생님 말씀대로 단어장을 사용하다	단어를 외우기가 쉽다
5)	작은 차를 몰고 다니다가 큰 차로 바꾸다	기름값이 많이 들다

연습 2 대화를 완성하십시오.

1) 가: 그 뮤지컬 공연 티켓이 남아 있는지 알아보셨어요?
나: 전화해서 ______________ 전석이 매진이래요.

2) 가: 나츠미 씨한테 좋아한다고 말했어요?
나: 네. 그런데 좋아한다고 ______________ 제 말을 장난으로 받아들이더라고요.

3) 가: 잃어버렸던 결혼반지는 어디서 찾았어?
나: 세탁을 맡기려고 코트 주머니를 ______________ 거기에 있더라고.

4) 가: 오늘 TV 사러 전자 상가에 가 본다고 하지 않았어요?
나: 가려고 했는데 인터넷으로 가격을 ______________ 역시 인터넷으로 구입하는 게 낫겠더라고요.

연습 3 보기 와 같이 친구와 이야기해 보십시오.

보기

속이 안 좋은 건 좀 어때요?
괜찮아졌어요?

네. 죽을 먹고 좀 쉬었더니
많이 좋아졌어요.

1) 나츠미, 이번 듣기 시험에서
만점을 받았다면서? 비결이
뭐야?

2) 첸 씨, 왜 그렇게 조금만 드세요?
음식이 입에 안 맞아요?

3) 요가를 하니까 어때요?
몸에 변화가 좀 느껴지나요?

4) 반 친구들한테 주말에 등산
가자고 해 봤어? 친구들이 뭐래?

활동 보기 와 같이 친구와 이야기해 보십시오.

상황 친구가 온종일 서 있어서 다리가 부었다.

내가 했던 행동	결과
의자 위에 다리를 올려놓고 있었다	부기가 빠지다

보기 가: 나츠미, 표정이 안 좋은데 어디 아파?

나: 응. 오늘 온종일 서서 일을 했더니 다리가 많이 부었어.

가: 그럼, 누워서 의자 위에 다리를 올려놓고 있어 봐.
그렇게 하면 좋다고 해서 해 봤더니 정말 부기가 빠지더라고.

1 친구가 염색을 자주 해서 머리가 많이 상했다.

내가 했던 행동	결과
머리를 감은 후 헤어로션을 꼼꼼히 발랐다	머릿결이 좋아지다

2 친구가 렌즈를 오래 껴서 눈이 아프다고 한다.

내가 했던 행동	결과

25 명사 에 달리다

25-1

앵커 대학 입학시험이 일주일 앞으로 다가왔는데요. 시험에서 좋은 결과를 얻기 위해 어떻게 하는 게 좋을까요?

기자 시험은 그날의 **컨디션에 달려 있습니다.** 다음 날 있을 시험을 위해 일찍 잠자리에 드는 것이 좋습니다.

'명사에 달리다'는 무엇이 어떤 것에 의해 결정됨을 나타낼 때 사용한다. '마음먹다, 생각하다, 결심하다' 등의 동사와 자주 사용한다.

- 가: 경희 김치가 홈쇼핑 판매 1위를 기록하고 있는데요. 비결 좀 알려 주세요.
  나: 음식의 맛은 **재료에 달렸어요.** 신선한 재료를 사용해서 인기가 많은 것 같아요.

- 가: 처음 하는 공연이라서 긴장이 많이 돼.
  나: 모든 일은 **마음먹기에 달려 있잖아.** 연습한 대로만 하면 잘할 수 있을 거야.

- 담배를 끊고 못 끊고는 자신의 **의지에 달려 있다.**

의문사와 함께 '동작동사 느냐에 달리다', '상태동사 (으)냐에 달리다'로도 사용된다.

- 가: 많은 사람들이 행복한 삶을 꿈꾸는데요. 어떻게 해야 행복해질 수 있을까요?
  나: 행복은 어떻게 **생각하느냐에 달려 있기** 때문에 우선 긍정적으로 생각해야 합니다.

- 집값은 주변 지역의 교통이 얼마나 **편리하냐에 달려 있다.**

연습 1 알맞은 것을 골라 문장을 완성하십시오.

내용	능력	배려	성능	생활 습관

1) 전자 제품의 가격은 그 제품의 ____________________에 달렸다.

2) 행복한 결혼 생활은 서로에 대한 ____________________에 달려 있다.

3) 감기에 걸리고 안 걸리는 것은 개인의 ____________________에 달려 있다.

4) 영화의 흥행은 ____________________에 달렸기 때문에 다른 것보다도 시나리오가 좋아야 된다.

5) 외국어를 잘하고 못하는 것은 개인의 ____________________에 달렸기 때문에 개인 차이가 날 수밖에 없다.

연습 2 보기 와 같이 문장을 완성하십시오.

> 보기 출산율의 증가는 정부가 어떤 정책을 내놓느냐에 달렸다.

1) 라면의 맛은 ____에 달렸다.

2) 공부의 효과는 ____에 달렸다.

3) 드라마의 성공은 ____에 달렸다.

4) 세상의 모든 일은 ____에 달렸다.

연습 3 대화를 완성하십시오.

1) 가: 노력 없이 성공하는 사람은 없는 것 같아요.

나: 그럼요. 성공은 ______________________.

2) 가: 학교 앞에 새로 생긴 식당에 사람이 진짜 많더라고. 맛이 좋아서 그런가 봐.

나: 맞아. 식당이 잘되고 안되고는 ______________________.

3) 가: 내일 면접시험인데 잘할 수 있을지 모르겠어요.

나: 면접을 잘 보고 못 보고는 ______________________. 그러니까 밝고 자신 있게 대답하세요.

4) 가: 내일 비 소식이 있는데 테니스 치러 갈 수 있을까요?

나: 글쎄요. 그건 ______________________.

5) 가: 다음 학기에 고급에서 공부하고 싶은데 진급할 수 있을까?

나: 글쎄, 그건 ______________________(으)니까 지금부터 시험 준비를 하면 되겠네.

활동 다음 중 하나를 골라 보기 와 같이 친구와 이야기해 보십시오.

주제

- [x] 행복
- [ ] 즐거운 여행
- [ ] 기타

무엇보다 돈이 있어야 돼.

가족과 친구가 제일 중요해.

건강이 최고야.

보기

나츠미: 어제 텔레비전에서 행복에 대한 다큐멘터리를 보고 나도 행복에 대해 생각해 보게 됐어요. 루카스 씨는 행복에 대해 어떻게 생각해요?

루카스: 행복이요? 행복은 무엇보다 돈에 달려 있다고 생각해요. 돈이 없으면 하고 싶은 것도 못하는데 얼마나 슬프겠어요.

장 민: 저는 건강이 중요하다고 생각해요. 돈이 아무리 많아도 건강하지 않으면 다 소용없잖아요.

나츠미: 그래요? 저는 행복은 어떤 사람과 함께 있느냐에 달린 것 같아요. 혼자 있을 때보다 나를 이해해 주는 사람과 함께 있으면 더 행복하게 느껴지거든요.

26 동사 (으)ㄹ 정도로

26-1

지아 어제 축구 결승전 봤어?

준서 응, 봤지. 경기 끝날 때까지 눈을 떼지 못하겠더라고.

지아 나도. 마지막 5분을 남겨 놓고는 마음이 얼마나 조마조마했는지 몰라.

준서 응, 그때는 나도 정말 손에 땀이 **날 정도로** 긴장되더라.

'동사 (으)ㄹ 정도로'는 어떤 동작이나 상태가 일어날 수 있는 수준을 말할 때 사용한다.
'동사 (으)ㄹ 정도이다'의 형태로도 사용한다.

- 가: 준서 씨, 목 아픈 건 좀 어때요?
  나: 어제는 침도 못 **삼킬 정도로** 아팠는데 오늘은 좀 나아졌어요.

- 가: 레아, 이게 그 유명한 프랑스 과자야?
  나: 응. 프랑스 사람들은 모르는 사람이 **없을 정도로** 유명해. 한번 먹어 봐.

- 밖이 너무 시끄러워서 선생님 말이 **들리지 않을 정도예요.**

과장의 의미로도 사용한다.

- 가: 바깥 날씨가 너무 춥지요?
  나: 네. 너무 추워서 손이 **얼 정도예요.**

- 설 연휴를 며칠 앞둔 시장은 발 디딜 틈이 **없을 정도로** 붐볐습니다.

연습 1 보기 와 같이 다음을 연결하십시오.

보기 산 정상에서 본 풍경은 말로 표현할 수 없다 — 아름다웠다

→ 산 정상에서 본 풍경은 말로 표현할 수 없을 정도로 아름다웠어요.

1) 그 호수는 바닥이 보이다 | 맑고 깨끗하다

2) 이미래는 국민 가수라고 불리다 | 대중들에게 인기가 많다

3) 지하철에서 넘어져서 얼굴이 빨개지다 | 부끄러웠다

4) 우리 할머니는 실제 나이를 믿기 힘들다 | 피부가 곱다

5) 내 친구는 곤충에 대해서 모르는 게 없다 | 많이 알고 있다

연습 2 보기 와 같이 문장을 완성하십시오.

보기 날씨가 너무 추워서 온몸이 떨릴 정도예요.

1) 안개가 짙게 껴서 ______________________.

2) 밤을 새웠더니 피곤해서 ______________________.

3) 음악 소리가 너무 커서 ______________________.

4) 부모님이 너무 보고 싶어서 ______________________.

연습 3 알맞은 것을 골라 대화를 완성하십시오.

불이 나다	배가 터지다	하늘을 날다	발 디딜 틈이 없다

1) 가: 이번에 새로 나온 매운 치킨 먹어 봤어요?

   나: 네. 지난번에 먹어 봤는데 입에 ______________________ 맵더라고요.

2) 가: 흐엉 씨, 말하기 대회에서 1등을 했는데요. 지금 기분이 어떠세요?

   나: 네, 너무 기뻐서 ______________________.

3) 가: 레아야, 고향 잘 다녀왔어? 먹고 싶어 하던 고향 음식도 많이 먹었고?

   나: 말도 마. 매일 ______________________ 먹어서 당분간 고향 음식은 생각 안 날 것 같아.

4) 가: 불꽃 축제는 어땠어요? 사람이 아주 많았다면서요?

   나: 네. 사람이 너무 많아서 ______________________.

활동 보기 와 같이 친구와 이야기해 보십시오.

주제 정말 맛있게 먹은 음식

언제/어디/무슨 음식	얼마나
작년 / 강원도 횡성 / 한우	둘이 먹다가 하나가 죽어도 모를 정도

보기 가: 한국에서 먹어 본 음식 중에 뭐가 제일 맛있었어요?

나: 작년에 강원도 횡성에서 먹은 한우요. 둘이 먹다가 하나가 죽어도 모를 정도로 맛있었어요.

가: 그래요? 저도 강원도 횡성에 가면 꼭 한번 먹어 봐야겠네요.

1 무척 긴장했던 일

언제/어디/무슨 일	얼마나

2 아주 행복했던 기억

언제/어디/무슨 일	얼마나

27 명사 (으)로 인해(서)

27-1

진행자 다음은 그룹 슈퍼 K의 팬 사인회 소식입니다. 행사가 지연돼서 팬들의 항의가 있었다면서요?

기자 네, 맞습니다. 3년 만에 여는 팬 사인회라 참석한 팬들이 많았는데요. **정전으로 인해** 사인회가 지연되면서 팬들이 항의를 했다고 합니다.

'명사 (으)로 인해(서)'는 어떤 상황이나 일에 대한 원인이나 이유임을 나타낸다. 주로 공식적인 말을 하거나 글을 쓸 때 쓴다. '명사 (으)로 인한 명사'의 형태로도 사용한다.

- 가: 다음 달부터 기름값이 오른다면서요?
  나: 네. 기름값 **인상으로 인해서** 대중교통 요금도 인상될 예정이라고 합니다.

- 가: 박서희 기자, 가수 이지명 씨와 배우 김사라 씨가 헤어졌다면서요?
  나: 맞습니다. 두 사람은 성격 **차이로 인해서** 헤어졌다고 합니다.

- 지하철 **공사로 인해** 강남역 주변 도로가 정체되고 있습니다.

- 경찰청은 작년에 비해 음주 **운전으로 인한** 교통사고가 줄었다고 발표했습니다.

연습 1 보기 와 같이 다음을 연결하십시오.

보기 대형 산불 — 100여 명의 주민들이 집을 잃었다

→ 대형 산불로 인해서 100여 명의 주민들이 집을 잃었습니다.

1)	폭설	출근길 시민들이 불편을 겪었다
2)	음주 운전	하루 평균 58건의 교통사고가 발생한다고 하다
3)	잘못된 식습관	위염에 걸리는 사람이 늘고 있다
4)	일회용 컵 사용 제한	텀블러가 인기를 얻고 있다
5)	정부의 적극적인 출산 정책	15년 만에 출산율이 늘었다

연습 2 알맞은 것을 골라 문장을 완성하십시오.

갈등 흡연 부주의 지구 온난화 화창한 날씨

1) 지난 주말 ________________ 도심 곳곳이 많은 사람들로 붐볐습니다.

2) ________________ 세계 곳곳에 이상 기후가 나타나고 있다고 합니다.

3) 많은 사랑을 받았던 그룹 우주 소년이 멤버들의 ________________ 해체되었다.

4) ________________ 사망은 여성보다 남성이 2.5배 정도 높은 것으로 나타났다.

5) 전국의 소방서에서는 겨울철을 맞아 ________________ 화재 예방 교육을 실시할 예정이다.

연습 3 보기 와 같이 문장을 완성하십시오.

보기

원인	▶	결과
무분별한 도시 개발		환경이 파괴

› 무분별한 도시 개발로 인해 환경이 파괴되고 있습니다.

1)

원인	▶	결과
1인 가구의 증가		소형 가전제품 판매 증가

› ______________________________

2)

원인	▶	결과
스트레스		

› ______________________________

3)

원인	▶	결과
짙은 안개		

› ______________________________

4)

원인	▶	결과
드라마의 인기		

› ______________________________

활동 신문을 완성하십시오.

TOWARDS
GLOBAL
EMINENCE

국제교육원 소식

경희의 미래
인류의 미래

구독하기 이용자 한마디

KYUNG HEE Ilbo

NEWS

말하기 대회로 인한 차량 통제

15일에 경희대학교 크라운관에서 세계 한국어 말하기 대회가 열립니다. ______________________ 국제교육원 앞 주차장이 통제될 예정입니다. 주차를 희망하시는 분들은 운동장 지하에 마련된 주차장을 이용하시기 바랍니다.

ISSUE

______________ 휴게 공간 마련

지난 5일 한국어를 공부하는 학생들을 대상으로 학업에 필요한 시설에 대한 설문 조사를 실시했습니다. 조사 결과 학생들을 위한 휴게 공간을 마련해 달라는 요청이 제일 많았으며 국제교육원은 올해 말까지 휴게 공간을 마련하기로 결정하였습니다.

HOT

고장으로 인한 증명서 발급기 사용 중지

국제교육원 1층에 있는 증명서 발급기가 ______________________________.
증명서 발급기는 23일까지 수리될 예정이며 출석 증명서 등의 발급을 원하시는 학생들은 110호 사무실을 이용하시기 바랍니다.

28 명사 은커녕/는커녕

28-1

나츠미 준서야, 오늘 생일이지? 생일 축하해.

준서 나츠미, 고마워.

나츠미 한국 사람들은 생일날 미역국을 먹는다면서? 너도 오늘 미역국 먹었어?

준서 아니. 엄마가 미역국을 끓여 주시긴 했는데 아침에 늦잠을 자서 **미역국은커녕** 물도 한 잔 못 마시고 나왔어.

'명사 은커녕/는커녕'은 앞의 것은 말할 것도 없이 당연히 아님을 나타낸다. 뒤에는 앞의 것보다 기본적인 것도 불가능하거나 반대되는 내용이 온다.

- 가: 지난주에 진해에 벚꽃놀이 간다고 하더니 꽃구경은 잘 했어?
  나: 아니. 가는 길에 사고가 나서 **꽃구경은커녕** 진해까지 가지도 못했어.

- 아침에 갑자기 물이 안 나와서 **샤워는커녕** 세수도 못 했어요.

'동사 기는커녕'의 형태로도 사용할 수 있다.

- 가: 팬미팅에 사람이 이렇게 많을 줄 몰랐어. 서너 시간 전에만 오면 앞자리에 앉을 줄 알았는데.
  나: 그러게 말이야. 앞자리에 **앉기는커녕** 행사장에 들어오지도 못할 뻔했네.

- 휴일에 **쉬기는커녕** 밀린 집안일을 하느라 오히려 평소보다 바빴어요.

연습 1 알맞은 것을 골라 문장을 완성하십시오.

✔결혼	인사	차량	시험공부	해외여행

1) 그 사람은 결혼은커녕 지금껏 연애도 한 번 못 해 봤다고 한다.

2) 지난밤에 내린 폭설로 인해 ______________ 사람도 다니기 힘들다.

3) 이번 휴가는 이틀밖에 안 돼서 ______________ 가까운 곳에도 못 갔어요.

4) 동생은 내일이 시험인데도 ______________ 시험 범위도 잘 모르고 있어요.

5) 지난번에 후배에게 화를 좀 냈더니 만나도 ______________ 쳐다보지도 않아.

연습 2 알맞은 것을 골라 대화를 완성하십시오.

✔편하다	비가 오다	고백을 하다	살이 빠지다	피로가 풀리다

1) 가: 지난번에 산 신발은 어때요? 편해요?

나: 편하기는커녕 신을 때마다 발이 너무 아파서 신지도 못하고 있어요.

2) 가: 너 요즘 살 빠진 것 같은데 비결이 뭐야?

나: 무슨 소리야. ______________ 오히려 더 쪘는데.

3) 가: 타냐 씨, 어제 피곤하다고 하더니 잠은 좀 잤어요?

나: 잠은 잘 잤는데 ______________ 더 피곤한 것 같아요.

4) 가: 어제 좋아하는 사람한테 고백한다고 했지? 어떻게 됐어?

나: 만나기는 했는데 ______________ 엉뚱한 소리만 하고 왔어.

5) 가: 아침에 일기 예보를 보고 우산을 가져왔는데 하늘이 맑네요.

나: 그러게 말이에요. ______________ 하늘에 구름 한 점 없네요.

연습 3 보기 와 같이 친구와 이야기해 보십시오.

보기

영화 '눈의 나라' 괜찮았죠? 내용이 정말 감동적이지 않아요?

그래요? 전 별로였는데요. <u>감동은커녕 너무 지루해서 보다가 졸았어요.</u>

1) 김 선생님, 학생들이 예습을 잘 해 오나요?

아니요. ______________________

____

2) 한나야, 된장찌개 끓일 줄 알아?

아니. ______________________

____

3) 상진 씨, 많이 바빠 보이는데 점심 식사는 했어요?

너무 바빠서 ______________________

____

4) 준서야, 지갑을 집에 두고 왔는데 만 원만 빌려줄 수 있어?

미안해. 지금 지갑에 ____________

____

활동 광고를 보고 **보기** 와 같이 친구와 이야기해 보십시오.

헬스장

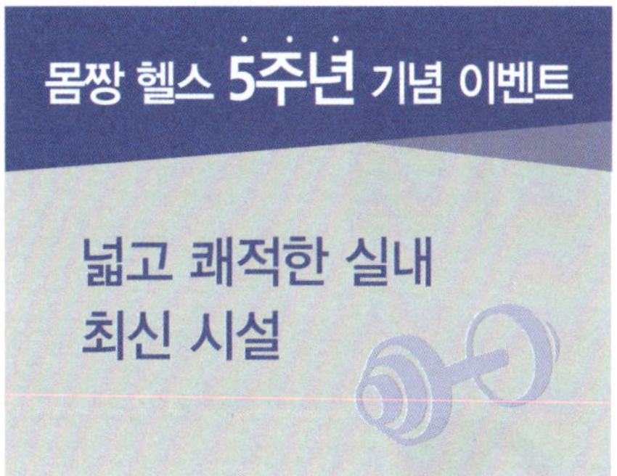

불만 사항

대여섯 명이 운동하기도 힘들 정도로 좁다.

운동 기구들이 낡았다.

보기 가: 헬스장 알아보러 간다고 하더니 벌써 등록하고 왔어?

나: 아니. 등록 안 하고 왔어.

가: 왜? 헬스장이 별로 마음에 안 들었어?

나: 응. 광고에서는 넓고 쾌적하다고 했는데 넓기는커녕 대여섯 명이 운동하기도 힘들 정도로 좁더라고. 그리고 운동 기구들도 낡았고.

미용실

불만 사항

10년 전 머리 모양처럼 촌스럽다.

한 시간이나 기다렸다.

식당

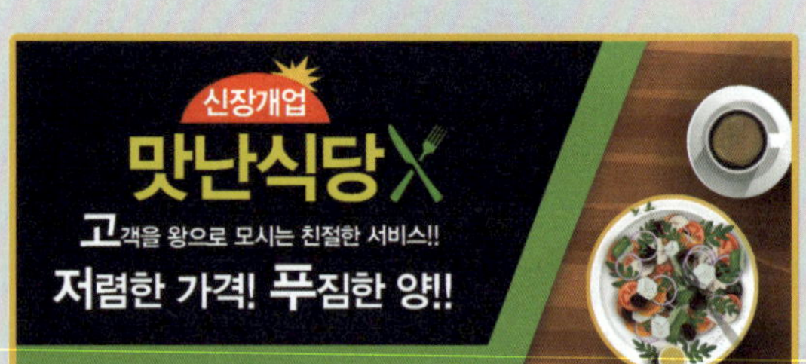

불만 사항

주변의 다른 식당보다 훨씬 비싸다.

직원이 손님에게 인사도 잘하지 않았다.

29 동작동사 기에(는)

29-1

이반 장민, 우리 종로까지 온 김에 명동에 가서 쇼핑이나 할까?

장민 좋아. 저쪽이 명동이지? 여기에서 멀지 않은 것 같으니까 걸어서 가자.

이반 걸어서 가자고? 가까워 보여도 **걸어가기에는** 좀 멀어. 그냥 택시 타고 가자.

'동작동사 기에(는)'은 상황이나 상태의 판단 기준을 나타낼 때 사용한다.

- 가: 장민, 그 짐 혼자 **들기에** 무거워 보이는데 내가 좀 도와줄까?
  나: 정말? 안 그래도 혼자 옮길 수 있을까 생각하고 있었는데 고마워.

- 가: 여보, 정수기 가격 좀 알아봤어요?
  나: 네. 알아봤는데 **사기엔** 좀 비싼 것 같아요. 그냥 대여해서 쓸까요?

- 이 해변은 물이 깊어서 아이들이 **놀기에는** 적합하지 않아요.

- 초가을 날씨는 반팔을 **입기에는** 춥고 긴팔을 **입기에는** 덥다.

* '동작동사 기에는'은 '동작동사 기엔'으로 줄여서 쓸 수 있다.

연습 1 보기 와 같이 다음을 연결하십시오.

보기 이 식물 | 실내에서 기르다 | 적합하지 않다

› 이 식물은 실내에서 기르기에는 적합하지 않아요.

1)	이 물	커피를 타다	온도가 낮다
2)	이 차	성인 다섯 명이 타다	좁을 것 같다
3)	지금	교수님께 전화를 드리다	너무 늦었다
4)	이 문법	초급 학생이 배우다	어렵다
5)	이 소설	영화로 제작하다	비용이 너무 많이 들다

연습 2 보기 와 같이 문장을 완성하십시오.

보기

오늘은 집에서 혼자 좋아하는 드라마를 보기에는 좋은 날씨예요.

오늘은 야외 활동을 하기에는 좋은 날씨가 아니에요.

1) 10만 원은 ______________ ______________ 충분해요.

10만 원은 ______________ ______________ 부족해요.

2) 밤 10시는 ______________ ______________ 이른 시간이에요.

밤 10시는 ______________ ______________ 늦은 시간이에요.

3) 여기는 ____________________ ____________________ 적당해요.

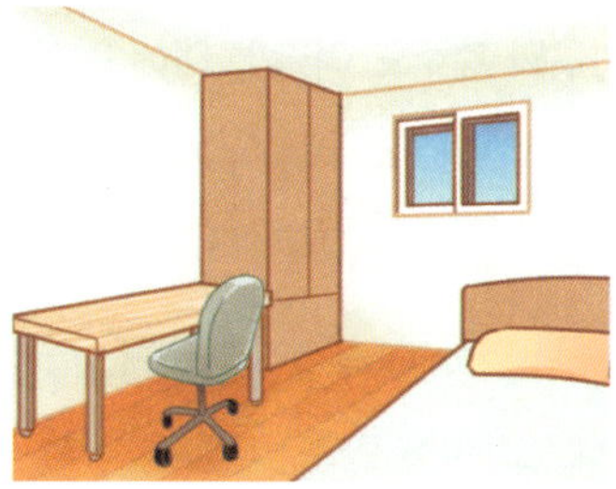

여기는 ____________________ ____________________ 적당하지 않아요.

4) 2박 3일은 ____________________ ____________________.

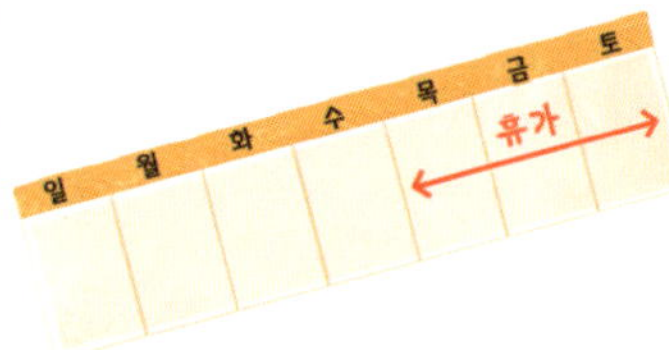

2박 3일은 ____________________ ____________________.

연습 3 대화를 완성하십시오.

1) 가: 레아, 우리 발표 준비를 내일까지 끝낼 수 있을까?

나: 글쎄, 내일까지 ____.

2) 가: 루카스 씨는 학교 앞 카페에 자주 가는 것 같아요.

나: 네. 거기가 조용해서 ____.

3) 가: 흐엉, 겨울 외투를 또 사려고? 지금 입고 있는 것도 있잖아.

나: 한국 겨울이 많이 춥잖아. 이 옷은 ____.

4) 가: 와! 이거 네가 직접 끓인 생강차야? 이거 마시면 감기가 금방 나을 것 같아. 정말 고마워.

나: 조금 식으면 마셔. 방금 끓여서 지금 ____.

5) 가: 나츠미, 이사한다면서? 왜 이사를 가려고 해?

나: 지금 사는 집은 룸메이트랑 ____________________아서/어서 좀 더 큰 집으로 이사를 가려고.

활동

보기 와 같이 친구와 제주도 여행에 대해 이야기해 보십시오.

숙소 A리조트

장점 해수욕장이 바로 앞에 있고 호텔 안에 실내 수영장과 사우나도 있다.

단점 가격이 비싸다.

숙소 B호텔

장점 공항에서 가깝다.

단점 방이 좁다.

이동 수단 택시 vs 버스 vs 렌터카

제주도에서 할 수 있는 활동

귤 따기 체험, 민속촌 관람, 승마 체험, 낚시, 제주 전통 음식 만들기, 한라산 등산 등

보기

가: 지아 씨, 제주도 여행 잘 다녀왔어요?

나: 네, 잘 갔다 왔어요.

가: 그래요? 저도 다음 달에 제주도 여행을 가는데 좋은 곳 있으면 추천 좀 해 주세요.

나: 제가 갔을 때는 날씨가 좋아서 아름다운 일출을 볼 수 있었어요. 나츠미 씨도 날씨가 좋으면 성산일출봉에 한번 가 보세요.

가: 진짜 좋았겠네요. 그런데 이동할 때는 뭐 타고 다녔어요?

나: 저는 버스를 타고 다녔어요. 버스 앱이 잘 되어 있어서 생각보다 이동하기에 불편하지 않았어요.

가: 다행이네요. 숙소는 어땠어요?

나: 저는 B호텔에 묵었는데 방이 좁은 편이었지만 혼자 묵기에는 괜찮았어요. 그리고 공항하고 버스 터미널이 가까워서 이동하기에 편리했고요.

가: 지아 씨 이야기를 들으니까 제주도 여행이 더 기대가 되네요. 고마워요.

30 동사 던데

30-1

나츠미　여름에 여의도 한강 공원에서 야시장이 열린다면서요?

지아　네. 저는 지난주에 다녀왔어요.

나츠미　아, 그래요? 전 아직 못 가 봐서 이번 주말에 갈까 말까 고민 중이에요.

지아　야시장에서 수공예품이랑 길거리 음식을 많이 **팔던데** 나츠미 씨도 가 보세요.

'동사 던데'는 화자가 과거에 직접 보거나 듣거나 경험한 사실을 나타낼 때 사용한다. 뒤에는 주로 그와 관련된 제안, 명령, 질문, 추측의 문장이 온다.

- 가: 자이튼에게 전해 줄 물건이 있는데 혹시 못 봤어?
  나: 조금 전에 도서관 쪽으로 **가던데** 빨리 가 봐.
- 가: 요즘 어떤 휴대폰이 좋은지 알아? 화면이 깨져서 바꿔야 하거든.
  나: 새로 나온 K사 제품이 **괜찮던데** 그걸로 알아보는 게 어때?
- 가: 오는 길에 보니까 학교 곳곳에 꽃이 **피었던데요.**
  나: 저도 봤어요. 벌써 봄이 온 것 같아요.
- 어제 동네 병원에 가니까 독감 환자들로 **만원이던데** 지금 독감이 유행인가 봐요.
- 세계적으로 유명한 가수가 한국에서 콘서트를 **한다고 하던데** 언제 하는지 알아요?

연습 1 보기 와 같이 다음을 연결하십시오.

보기	축제 때 피아노를 잘 치다	얼마나 연습한 거예요?
	➔ 축제 때 피아노를 잘 치던데 얼마나 연습한 거예요?	

1)	건물 앞에 방송국 차가 있다	드라마 촬영을 하고 있나 봐요.
2)	집 앞에 눈이 많이 쌓여 있다	넘어지지 않게 조심해서 가.
3)	경복궁 야간 개장이 볼 만하다	시간 내서 한번 가 보세요.
4)	엘리베이터를 점검 중이다	언제쯤 점검이 끝날까요?

연습 2 알맞은 것을 골라 대화를 완성하십시오.

✔자르다　　다녀오다　　떨어지다　　품절되다　　고장 나다

1) 가: 오늘 레아 씨가 머리를 짧게 잘랐던데 봤어요?
   나: 네, 봤어요. 잘 어울리더라고요.

2) 가: 아침에 보니까 전자레인지가 ______________ 어떡하지?
   나: 정말? 내가 이따가 AS센터에 연락해 볼게.

3) 가: 시계 건전지가 다 ______________ 집에 올 때 좀 사다 줘.
   나: 응, 알겠어. 마트에 가는 김에 사 가지고 갈게.

4) 가: 다음 주에 부산으로 출장을 가는데 혹시 괜찮은 숙소 알아요?
   나: 글쎄요. 박 대리가 지난주에 ______________ 한번 물어보세요.

5) 가: 나츠미, 이번에 새로 나온 운동화 샀어? 전부터 갖고 싶어 했잖아.
   나: 아니. 홈페이지에서 사려고 보니까 ______________ 인기가 정말 많은가 봐.

연습 3 보기 와 같이 문장을 완성하십시오.

보기

인터넷에서 비슷한 물건을 더 싸게 팔고 있던데 인터넷 쇼핑몰에서 찾아보세요.

1) 

______ 배운 지 얼마나 됐어요?

2) 

______ 무슨 일이 있는 게 아닐까요?

3) 

______ 맛있어서 학생들에게 소문났나 봐요.

4) 

______ 준서한테 추천해 달라고 해 봐.

연습 4 보기 와 같이 문장을 바꿔 이야기해 보십시오.

보기

장민: 봄에는 제주도에 유채꽃이 펴서 예뻐요.

➜ 장민이 봄에는 제주도에 유채꽃이 펴서 예쁘다고 하던데 같이 가 볼래?

1) 일기 예보: 오늘은 바람이 많이 불고 일교차가 심합니다.

➜ ______________________________.

2) 자이든: 아침마다 집 근처 공원에서 조깅을 해요.

➜ ______________________________.

3) 루카스: 시간 되면 같이 대학로에서 연극을 보자.

➜ ______________________________.

4) 선생님: 다음 주에 발표 수업이 있으니까 준비해 오세요.

➜ ______________________________.

연습 5 보기 와 같이 친구와 이야기해 보십시오.

보기

여름휴가 때 1박 2일로 놀러 갈까 하는데 괜찮은 곳 알아요?

가평에 좋은 숙소가 많던데 거기에 가서 바비큐 파티도 하고 푹 쉬다 오는 건 어때요?

1) 다음 주 토요일이 상진 씨 생일인데 무슨 선물을 사면 좋을까요?

2) 친구 결혼식 때 입을 옷을 좀 사려고 하는데 어디에서 사는 게 좋을까요?

3) 연말 모임하기에 적당한 레스토랑을 알아보고 있는데 괜찮은 곳이 없네.

4) 연휴 기간에 홍콩 여행 잘 다녀왔어요? 어땠어요?

활동 보기 와 같이 친구와 이야기해 보십시오.

상황 취미로 일일 수업을 듣고 싶다.

친구의 제안	내가 들은 정보
가죽 공예 내 마음대로 디자인을 할 수 있어서 재미있다. 처음에는 간단한 카드 지갑부터 만든다.	만들기가 어렵다.

보기 가: 이번 방학에 취미로 일일 수업을 듣고 싶은데 뭘 배우면 좋을까?
나: 음, 가죽 공예 어때? 내 마음대로 디자인을 할 수 있어서 재미있던데 한번 배워 봐.
가: 그래? 만들기가 어렵다고 하던데 괜찮을까?
나: 처음에는 간단한 카드 지갑부터 만드니까 괜찮을 거야.

1 고향에 갈 때 부모님께 드릴 기념품을 사고 싶다.

친구의 제안	내가 들은 정보
한국 전통 인삼차 건강에도 좋고 향이 좋아서 맛있다. 생각보다 쓴맛이 강하지 않다.	쓴맛을 싫어하면 마시기 힘들다.

2 체력을 기를 수 있는 운동을 시작하고 싶다.

친구의 제안	내가 들은 정보
________ ________ ________	________

31 동사 았더라면/었더라면

31-1

흐엉　레아, 어제 공연은 잘 보고 왔어?

레아　응. 재미있었어. 배우들이 정말 연기도 잘하고 노래도 잘하더라고.

흐엉　좋았겠다. 나도 발표 준비를 미리 **했더라면** 보러 갈 수 있었을 텐데 아쉽다.

'동사 았더라면/었더라면'은 과거 사실을 반대로 가정할 때 사용한다. 주로 과거 일에 대한 후회나 안타까움을 나타낼 때 사용하며 뒤에는 '–았을/었을 텐데', '–았을/었을 것이다' 등의 표현을 쓴다.

- 가: 늦어서 미안해. 그런데 준서는 안 보이네.
  나: 조금 전에 갔어. 10분만 일찍 **왔더라면** 볼 수 있었을 텐데.
- 가: 어제 축구 경기 봤어요?
  나: 그럼요. 박민수 선수의 실수만 **없었더라면** 이길 수 있었을 텐데 너무 아쉽더라고요.
- 어제 날씨가 그렇게 **추울 줄 알았더라면** 등산을 가지 않았을 거예요.
- 필요 없는 기념품을 **사지 않았더라면** 여행 경비가 부족하지 않았을 것이다.

어떠한 일이나 상황이 일어나지 않아서 다행임을 표현할 때도 사용한다.

- 가: 우리가 묵으려다가 취소한 호텔에서 화재가 발생했다는 뉴스 들었어?
  나: 응, 나도 그 뉴스 들었어. 거기에 **묵었더라면** 정말 큰일 날 뻔했어.
- 룸메이트가 **깨워 주지 않았더라면** 기차를 놓쳤을 거예요.

연습 1 보기 와 같이 다음을 연결하십시오.

보기 영화표를 미리 예매하다 — 영화를 볼 수 있다

➜ 영화표를 미리 예매했더라면 영화를 볼 수 있었을 텐데.

1)	면접 준비를 철저히 하다	대답을 더 잘하다
2)	미리 자료를 읽고 수업을 듣다	내용을 이해하기 쉽다
3)	차를 두고 대중교통을 이용하다	약속 시간에 늦지 않다
4)	날씨가 그렇게 덥지 않다	여행이 더 재미있다
5)	오늘이 이반과 공부하는 마지막 날인 줄 알다	작은 선물이라도 준비하다

연습 2 보기 와 같이 문장을 바꿔 이야기해 보십시오.

보기 여러 번의 실패를 경험했기 때문에 성공의 기쁨도 알게 되었어요.

➜ 여러 번의 실패를 경험하지 않았더라면 성공의 기쁨을 몰랐을 거예요.

1) 룸메이트가 깨워 줘서 기차를 놓치지 않았어요.

➜ ______________________________

2) 주변에 있던 사람들이 도와줘서 길을 쉽게 찾을 수 있었어요.

➜ ______________________________

3) 부모님의 사랑과 가르침이 있었기 때문에 바르게 성장할 수 있었어요.

➜ ______________________________

4) 비슷한 상황의 사람들과 고민을 나누면서 우울증을 극복할 수 있었어요.

➜ ______________________________

연습 3 대화를 완성하십시오.

1) 가: 집 찾아오기가 힘들지 않았어요?
   나: 오는 길에 준서 씨를 만나서 쉽게 찾아왔어요. 저 혼자 ________________ 헤맸을 거예요.

2) 가: 여의도는 어땠어? 어제 비가 많이 내려서 꽃이 많이 떨어졌지?
   나: 응. 며칠만 일찍 ________________ 활짝 핀 벚꽃을 구경할 수 있었을 텐데 아쉽더라고.

3) 가: 저 혼자 ________________ 퇴근 시간까지 일을 다 끝내지 못했을 거예요. 감사해요.
   나: 별말씀을요. 같은 팀원인데 서로 돕는 게 당연한 거죠.

4) 가: 공연장에 늦게 도착해서 공연을 못 봤다면서?
   나: 응. 마라톤 때문에 그렇게 길이 ________________ 좀 더 서둘렀을 텐데 너무 속상해.

활동 다음 중 하나를 골라 보기 와 같이 이야기해 보십시오.

☐ 후회되거나 아쉬운 일 ☑ 다행이라고 생각한 일

보기

오늘 아침에 룸메이트가 저를 깨워 줘서 일어날 수 있었어요.
룸메이트가 깨워 주지 않았더라면 학교에 지각을 했을 거예요.
그리고 학교에 지각했더라면 시험을 잘 못 봤을 거예요.

☐ 후회되거나 아쉬운 일 ☐ 다행이라고 생각한 일

32 동사 (으)ㄴ/는/(으)ㄹ 모양이다

32-1

캐스터 아! 또 김상민 선수의 실수입니다.

해설 위원 김상민 선수, 지난번까지는 좋은 경기를 보여 줬는데 이번 경기에서는 좀 아쉬워요.

캐스터 네. 평소에는 실수를 잘 안 하는 선수인데요. 오늘은 몸 상태가 별로 **안 좋은 모양입니다.**

'동사 (으)ㄴ/는/(으)ㄹ 모양이다'는 주변의 상황이나 사실을 바탕으로 현재 어떤 일이 일어나고 있거나 어떤 상태라고 추측할 때 사용한다.

- 가: 지아가 지난번에 소개팅에서 만난 남자를 또 만났대?
  나: 응. 계속 만나는 걸 보니까 그 남자가 마음에 **드는 모양이야.**

- 가: 외국인들은 '잃어버리다'하고 '잊어버리다'를 자주 틀리더라고요.
  나: 의미와 발음이 비슷해서 구별하기 **어려운 모양이에요.**

- 한나의 표정이 좋은 걸 보니까 시험에 **합격한 모양이에요.**
- 아침부터 이렇게 땀이 나는 걸 보니 오늘도 꽤 **더울 모양이다.**
- 유적지 입장을 막아 놓은 것을 보니 내부 **공사 중인 모양이네요.**

연습 1 알맞은 것을 골라 문장을 완성하십시오.

불참하다	밤을 새우다	✔ 아무도 없다
심하게 다투다	큰 사고가 나다	

1) 집 안이 어두운 걸 보니까 아무도 없는 모양이에요.

2) 구조대원들이 바쁘게 움직이는 걸 보니까 ______________________.

3) 루카스 씨가 오늘까지 과제를 제출해야 해서 어제 ______________________.

4) 아까 나츠미 씨랑 한나 씨가 아무 말도 안 하던데 두 사람이 ______________________.

5) 아직까지 회의에 참석하겠다는 답장이 없는 걸 보니 최 사장님께서는 ______________________.

연습 2 그림을 보고 보기 와 같이 이야기해 보십시오.

보기

하늘에 먹구름이 낀 걸 보니
곧 소나기가 올 모양이에요.

1)

2)

3)

4)

연습 3 보기 와 같이 친구와 이야기해 보십시오.

보기

지난달에도 그러더니 이번 달에도 월급이 조금 늦게 나올 거래요.

요즘 회사 사정이 안 좋은 모양이네요.

1) 자이튼 씨가 처음 한국에 왔을 때보다 한국어 실력이 훨씬 좋아졌더라고요.

그렇죠? ____________________

____

2) 요새 한국에 여행을 온 외국인들이 김을 많이 사 가더라고요.

아, 그래요? ____________________

____

3) 여보, 뒤에 소방차가 오고 있어요. 좀 비켜 줘요.

알았어요. 그런데 ____________________

____

4) 요즘 학교 근처 카페가 공부하는 학생들로 가득하더라고요.

____

____

활동 그림을 보고 보기 와 같이 이야기해 보십시오.

33 동작동사 (으)ㄴ 채(로)

33-1

타냐　첸 씨, 어디 아파요?

첸　허리가 좀 불편해서요. 아무래도 병원에 가 봐야 할 것 같아요.

타냐　허리요? 허리를 다친 거예요?

첸　사실 어제 일을 하다가 너무 피곤해서 의자에 **앉은 채로** 잠이 들었거든요.

'동작동사 (으)ㄴ 채(로)'는 앞의 말이 나타내는 동작이나 상태가 변하지 않고 그대로 지속됨을 나타낼 때 사용한다. 주로 앞의 행동을 한 상태로 뒤의 행동을 하면 그 상황이 일반적이지 않을 때 사용한다.

- 가: 루카스 씨, 문화 차이 때문에 실수한 적 있어요?
  나: 네. 처음에 한국 문화를 잘 몰라서 신발을 **신은 채로** 방에 들어간 적이 있어요.
- 가: 갑자기 소나기가 쏟아지네요.
  나: 어머, 아침에 너무 급해서 창문을 **열어 놓은 채로** 나왔는데 큰일이네요.
- 가: 한나야, 요즘 많이 피곤해? 얼굴에 뭐가 많이 났네.
  나: 응. 어제 피곤해서 화장도 **안 지운 채로** 잤더니 여드름이 심해졌어.
- 화를 내시는 부장님 앞에서 나는 고개를 **숙인 채** 아무 말도 하지 못했다.
- 시험 시간이 부족해서 답안지를 다 **작성하지 못한 채로** 제출했다.

연습 1 보기 와 같이 다음을 연결하십시오.

보기 실수로 티셔츠를 뒤집어 입다 — 학교에 가다

➲ 실수로 티셔츠를 뒤집어 입은 채로 학교에 갔어요.

1) 깜빡하고 가스 밸브를 잠그지 않다 — 외출하다

2) 정신이 없어서 휴대폰을 손에 들다 — 휴대폰을 찾다

3) 새로 산 모자의 가격표도 떼지 않다 — 쓰고 나가다

4) 늦잠을 자는 바람에 머리도 못 감다 — 급하게 출근하다

5) 통화하다가 열차 안에 가방을 놓아두다 — 지하철에서 내리다

연습 2 알맞은 것을 골라 문장을 완성하십시오.

꼬다	넣다	들다	가리다

1) 음식을 입에 ______________________ 말을 하면 실례예요.

2) 다리를 ______________________ 앉아서 어른과 대화를 나누는 것은 보기 안 좋아요.

3) 밥그릇을 손에 ______________________ 밥을 먹는 것은 한국의 식사 예절에 어긋난다.

4) 수업 시간에 입을 ______________________ 하품을 하는 것은 예의가 없는 행동입니다.

연습 3 대화를 완성하십시오.

1) 가: 눈이 빨간데 눈병 걸린 거 아니야?
   나: 아니야. 어제 콘텍트렌즈를 ____________________ 잠이 들어서 눈이 충혈됐나 봐.

2) 가: 그 영화 정말 무섭다고 하던데 어땠어요?
   나: 네, 진짜 무섭더라고요. 영화 보고 집에 왔는데 너무 무서워서 불을 ______________ 잠을 잤어요.

3) 가: 장민, 어젯밤에 네가 사는 건물에 불이 났다면서?
   나: 응. 자려고 누웠다가 너무 놀라서 잠옷을 ____________________ 밖으로 뛰어나왔어.

4) 가: 김 기자, 범인은 기자들의 질문에 뭐라고 대답했나요?
   나: 범인은 기자들의 질문에 ____________________ 아무 변명도 하지 않았습니다.

활동 그림을 보고 보기 와 같이 지하철 예절에 대해 이야기해 보십시오.

상황	나의 생각
옆 사람 어깨에 기댄 채로 자고 있다.	자신만 생각하고 행동하면 안 된다. 다른 사람을 배려해야 한다.

보기

저는 지하철에서 옆 사람 어깨에 기댄 채로 자는 사람을 본 적이 있어요. 그 사람 때문에 옆자리에 앉은 사람이 불편해했어요. 자기만 생각하는 그 사람의 행동을 보고 저도 기분이 안 좋았어요. 여러 사람들이 함께 이용하는 지하철에서는 다른 사람을 배려해야 한다고 생각해요.

34 명사 에 따르면

34-1

앵커 이어서 화재 현장에 나가 있는 김선화 기자 연결하겠습니다. 현재 상황은 어떤가요?

기자 바람이 심해 불길이 번지면서 피해가 커지고 있습니다.

앵커 상황이 심각해 보이는데요. 처음 불이 난 시간은 언제인가요?

기자 목격자들의 **말에 따르면** 오후 4시경에 불이 시작되었다고 합니다.

'명사 에 따르면'은 '어떤 사실이나, 기준, 정보에 근거하면'의 뜻을 나타낸다. 뒤에는 '-(는/ㄴ)다고 하다, -(으)로 나타나다' 등의 표현이 자주 온다.

- 가: 한국을 방문하는 외국인이 늘고 있다면서요?
  나: 네. 통계청 **자료에 따르면** 지난해보다 외국인 관광객 수가 5.5% 증가했다고 합니다.
- **전문가에 따르면** 호두나 아몬드를 매일 섭취하면 심장병 예방에 도움이 된다고 합니다.
- **교통안전공단에 따르면** 지난해 안전띠 착용률은 88%인 것으로 나타났다.

연습 1 보기 와 같이 다음을 연결하십시오.

보기 설문 조사 결과 — 직장인 3명 중 1명이 아침 식사 거르다

➔ 설문 조사 결과에 따르면 직장인 3명 중 1명이 아침 식사를 거른다고 합니다.

1)	신문 기사	한국인의 건강 수명은 약 70세이다
2)	뇌 과학자	수업을 들을 때 손 글씨를 쓰는 것이 기억력과 이해도를 높이다
3)	통계청 자료	한국 사람이 가장 선호하는 색은 파란색이다
4)	환경부 통계	미세 먼지로 인한 호흡기 질환자가 작년에 비해 30% 더 늘었다
5)	미국의 한 대학 연구	연초에 세운 계획이 성공할 확률은 8%밖에 되지 않다

연습 2 알맞은 것을 골라 문장을 완성하십시오.

정부 발표　　문화재 보호법　　방송국 관계자

여론 조사 결과　　인천 공항 통계

1) ______________ 한국의 내년도 경제 성장률이 3% 정도가 된다.

2) ______________ 문화재를 훼손한 경우 5000만 원 이하의 벌금을 내야 한다.

3) ______________ 그 드라마의 주인공으로 박진호 씨가 확정되었다고 합니다.

4) ______________ 추석 연휴 동안 120만 명의 사람들이 해외로 나갔다고 합니다.

5) ______________ 대통령 선거에서 1위와 2위 후보의 차이가 5%밖에 되지 않는 것으로 나타났다.

연습 3 다음을 듣고 문장을 완성하십시오. 34-2

1) 연구 결과 ______________________________

____

2) 통계청 자료 ______________________________

____

활동 도표를 보고 보기 와 같이 이야기해 보십시오.

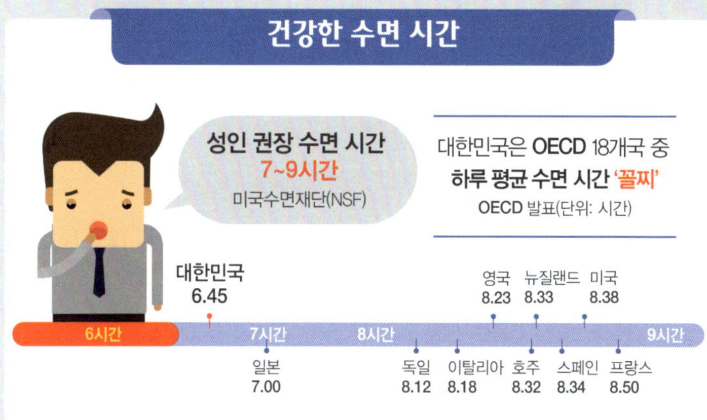

OECD 발표에 따르면 ______________________________

____

이러한 수면 부족은 건강에도 안 좋은 영향을 미친다. ______________________________

____

35 동작동사 는 데

35-1

한나 어! 레아, 어디 불편해?

레아 급하게 오다가 넘어지는 바람에 발목을 삐었어.

한나 진짜 아프겠다. 얼음찜질이 통증을 **줄이는 데** 좋대. 한번 해 봐.

'동작동사는 데'는 앞의 일이나 상황을 나타낸다. 주로 그 일이나 상황에 무엇이 좋거나 좋지 않을 때, 도움이 되거나 되지 않을 때, 필요하거나 필요 없을 때 사용한다.

- 가: 텀블러를 들고 다니면 귀찮지 않아요?
  나: 그렇기는 한데 텀블러 사용이 환경을 **보호하는 데** 도움이 되잖아요.

- 가: 목마른데 우리 콜라 마실까?
  나: 탄산음료를 마시는 게 갈증을 **해소하는 데** 오히려 안 좋대. 다른 거 마시자.

- 햇빛과 물은 식물이 **자라는 데** 반드시 필요하다.

앞의 일이나 상황에 시간이 걸리거나 돈이 들 때도 사용한다.

- 가: 통화할 때 소리가 잘 안 들려서 왔는데요. **수리하는 데** 얼마나 걸릴까요?
  나: 잠깐만 기다리세요. 확인해 보고 말씀드리겠습니다.

- 이삿짐이 많아서 **이사하는 데** 꽤 많은 비용이 들었다.

연습 1 보기 와 같이 다음을 연결하십시오.

보기 | 산책 | 복잡한 생각을 정리하다 | 도움이 되다

➔ 산책은 복잡한 생각을 정리하는 데 도움이 돼요.

1)	요가	자세를 교정하다	좋다
2)	마늘	암을 예방하다	효과가 있다
3)	의식주	사람이 살아가다	반드시 필요하다
4)	바둑을 두는 것	집중력을 기르다	도움이 되다
5)	걱정만 하는 것	문제를 해결하다	도움이 되지 않다

연습 2 알맞은 것을 골라 문장을 완성하십시오.

내다　　말리다　　손질하다　　이해하다　　치료하다

1) 책이 어려워서 내용을 ________________ 한참 걸렸어요.

2) 나는 머리숱이 많아서 머리를 ________________ 시간이 많이 걸린다.

3) 새로 구입한 자동차의 할부금을 ________________ 월급의 반이 들어가요.

4) 음식을 만들다 보면 재료를 ________________ 생각보다 시간이 많이 걸리더라고요.

5) 사람들은 큰 질병을 ________________ 비용이 많이 들기 때문에 보험에 가입합니다.

연습 3 보기 와 같이 문장을 완성하십시오.

보기

선생님께서 그러셨는데
독서는 글쓰기 실력을 향상시키는 데 좋다고 해요.

1) 

취미 생활을 하면 ________________ 도움이 되는 것 같아요.

2) 

뉴스에서 봤는데 지나친 스마트폰 사용은 ________________
방해가 된대.

3) 

저는 아침에 ________________ 10분이면 가능해요.

4) 

________________ 만 원이면 충분해요.

활동 보기 와 같이 친구와 이야기해 보십시오.

친구의 고민	내가 아는 방법
발표를 앞두고 긴장이 많이 된다.	따뜻한 차를 마신다.

보기

가: 나는 다른 사람들 앞에서 발표를 할 때면 긴장이 많이 돼. 그래서 말도 잘 못하겠어. 어떻게 하면 긴장을 풀 수 있을까?

나: 나도 그랬는데 따뜻한 차를 마시는 게 긴장을 푸는 데 좋더라고.

가: 그래? 그럼 나도 그렇게 한번 해 봐야겠다.

1

친구의 고민	내가 아는 방법
수업 시간에 자꾸 졸린다.	쉬는 시간에 스트레칭을 한다.

2

친구의 고민	내가 아는 방법
요즘 안 좋은 일이 많이 있어서 우울하다.	

36 동사 (으)ㄴ/는 탓에, 명사 탓에

36-1

이반　첫 공연이라 떨렸을 텐데 수고 많았어.

레아　아까 두 번째 곡에서 내가 실수를 **한 탓에** 공연을 망친 것 같아.

이반　아니야. 처음부터 잘하는 사람이 어디 있겠어. 너무 신경 쓰지 마.

'동사 (으)ㄴ/는 탓에'는 부정적인 내용에 대한 원인이나 이유를 나타낼 때 사용한다. '명사 탓에'의 형태로 사용할 수 있다.

- 가: 아침마다 **서두르는 탓에** 중요한 물건을 빠뜨리고 올 때가 많아.
  나: 그럼 자기 전에 미리 필요한 걸 챙겨 두는 게 어때?
- 가: 김 기자, 사고 현장에 구급차가 진입하는 것이 어려웠다면서요?
  나: 네. 불법 주차된 차량이 **많은 탓에** 어려움을 겪었다고 합니다.
- 유학 온 첫날 잠자리가 **바뀐 탓에** 잠을 잘 이루지 못했다.
- 성적이 떨어진 것은 평소에 꾸준히 공부를 **안 한 탓이다.**
- 흐린 **날씨 탓에** 축제를 찾은 관람객 수가 작년에 비해서 줄었다.

TIP!

긍정적인 현상이나 좋은 결과가 생긴 원인이나 이유를 나타낼 때는 '덕분에'를 쓸 수 있다.

- 팬들의 응원 덕분에 이렇게 큰 상을 받을 수 있게 되었습니다.
- 의학 기술이 발달한 덕분에 현대인의 평균 수명이 길어졌다.

연습 1 보기 와 같이 다음을 연결하십시오.

보기 한국말이 서투르다 — 하고 싶은 말을 제대로 못할 때가 많다

➔ 한국말이 서투른 탓에 하고 싶은 말을 제대로 못할 때가 많아요.

1)	용기가 부족하다	좋아하는 사람에게 말도 잘 못하다
2)	시계를 잘못 봤다	기차를 놓쳤다
3)	요즘 경기가 안 좋다	가게를 찾는 손님이 줄었다
4)	약속 장소를 착각했다	모임에 늦게 도착할 것 같다
5)	요즘 출장을 자주 가다	시간 내기가 어렵다

연습 2 알맞은 것을 골라 문장을 완성하십시오.

극심한 가뭄　　예민한 성격　　부담스러운 가격　　어려운 가정 형편

1) ____________________ 유학을 포기할 수밖에 없어요.

2) ____________________ 그 제품을 찾는 고객이 거의 없다.

3) ____________________ 사람들의 말에 쉽게 상처를 받을 때가 있어요.

4) 작년에 비해 농산물 가격이 크게 인상된 것은 ____________________.

연습 3 대화를 완성하십시오.

1) 가: 레아야, 이번 쓰기 시험 잘 봤어?

나: 아니. ________________________ 제대로 못 썼어.

2) 가: 보통 저녁은 퇴근하고 집에서 먹지?

나: 아니. 요즘 ________________________ 저녁은커녕 가족들 얼굴 보기도 어려워.

3) 가: 오늘 미용실에 가려고?

나: 응. ________________________ 머리카락이 많이 상했어. 그래서 좀 자르려고.

4) 가: 어제 전시회 잘 다녀왔어?

나: 보고 싶었던 작품이 있었는데 ________________________ 제대로 보지도 못하고 왔어.

5) 가: 어제 ________________________ 다리가 아파요.

나: 운동도 좋지만 너무 무리하지 마요.

활동 보기 와 같이 최근 사회적으로 문제가 되는 것에 대해 이야기해 보십시오.

원인	결과
바쁜 직장 생활과 학업	가족들이 얼굴 볼 시간도 없다.
식사 시간에도 스마트폰이나 TV를 본다.	가족 간의 대화가 더욱 부족하다.

가족 간의 대화 부족

보기

최근 바쁜 직장 생활과 학업으로 인해 가족들이 얼굴 볼 시간도 없다고 합니다. 게다가 가끔 함께하는 식사 시간에도 스마트폰이나 TV를 보는 탓에 대화가 더욱 부족하다고 합니다.

1

원인	결과
일회용품 사용 증가	쓰레기의 양이 많아졌다.
길거리에 쓰레기통이 많지 않다.	길거리 쓰레기의 양이 더욱 증가하고 있다.

길거리 쓰레기 넘쳐 나

2

원인	결과

37 동사 (으)ㄹ 뿐(이다), 명사 뿐이다

37-1

상진 내일 동창 모임이 있는 거 알고 있지?

친구 내일이야? 일이 바쁘다 보니 모임 날짜도 깜박했네.

상진 이번에는 꼭 와야 돼. 알겠지?

친구 응. 그래도 나를 챙겨 주는 사람은 **너뿐이네.**

'동사 (으)ㄹ 뿐(이다)'는 단지 앞에 나오는 상황만 있고 다른 상황은 더 없음을 나타낼 때 사용한다. '명사 뿐이다'의 형태로도 사용해서 단지 앞에 나오는 것만 있고 더 이상은 없음을 나타낼 수 있다.

- 가: 흐엉에게 무슨 일이 있나 봐. 표정이 안 좋네.
  나: 아까 나도 걱정돼서 물어보긴 했는데 울기만 **할 뿐** 아무 대답도 안 하더라고.

- 가: 학교 앞에 새로 생긴 식당에 가 봤어?
  나: 응. 가 봤는데 가격만 **비쌀 뿐** 맛은 별로였어.

- 가: 김 대리, 여기에 있던 서류 못 봤어요?
  나: 책상 위에 있던 서류는 **이것뿐이었는데요.**

- 결승전을 앞둔 선수들에게 특별히 요구한 것은 없습니다. 그냥 평소대로 하라고 **지시했을 뿐입니다.**

- 열애설로 시끄러웠던 두 배우는 인터뷰에서 단지 친구 **사이일 뿐이라고** 말했다.

'동사 (으)ㄹ 뿐(만) 아니라', '명사 뿐(만) 아니라'의 형태로 앞의 내용만 있는 것이 아니라 뒤의 내용도 있음을 나타낼 때 사용한다.

- 영화 '가족'은 관객들에게 좋은 평가를 **받을 뿐 아니라** 해외 영화제에서도 주목을 받고 있다.

- 인공 지능 기술은 과학 **분야뿐만 아니라** 사회 전 분야에서 변화를 일으킬 것으로 보인다.

연습 1 보기 와 같이 다음을 연결하십시오.

보기

형은 자신이 하고 싶은 말만 하다 / 다른 사람의 말은 제대로 듣지 않다

→ 형은 자신이 하고 싶은 말만 할 뿐 다른 사람의 말은 제대로 듣지 않는다.

1)	이 여행 가방은 예쁘기만 하다	실용적이지는 않다
2)	10살 된 아이는 물건을 어지르기만 하다	정리하지는 않다
3)	동생은 매일 운동을 하겠다고 결심만 하다	실천은 하지 않다
4)	이번에 새로 나온 제품은 디자인만 바뀌었다	기능은 전에 나온 제품과 별 차이가 없다
5)	토론자들은 입시 정책에 대한 문제점만 이야기했다	구체적인 입시 방안은 제시하지 못했다

연습 2 보기 와 같이 문장을 완성하십시오.

보기

내가 다룰 줄 아는 악기는 피아노뿐이야.

1)

내가 바라는 것은 ________________.

2)

내가 어려울 때마다 힘이 되어 준 사람은 ________________.

3)

내가 지금 당장 하고 싶은 일은 ________________.

4)

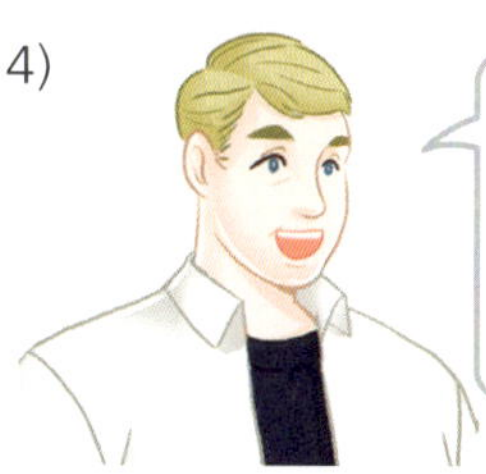

내가 ________ 은/는 ________________.

연습 3 알맞은 것을 골라 문장을 완성하십시오.

✔ 있다	모르다	감소하다	과정이다	욕심이다

1) 이 세상에 틀린 사람은 없다. 단지 나와 생각이 다른 사람이 있을 뿐이다.

2) 자녀의 재능과 적성을 고려하지 않고 공부만 강요하는 건 부모의 ________________.

3) 이번 경기 결과로 대표 팀을 비난하면 안 된다. 이번 경기는 월드컵 대회를 위한 ________________.

4) 운동이 건강에 좋다는 것은 누구나 알고 있다. 다만 자신에게 어떤 운동이 필요한지 ________________.

5) 신문 기사에 따르면 올해 외국인 관광객 수가 줄었다고 하지만 작년에 비해 0.2%가 ________________.

연습 4 알맞은 것을 골라 문장을 완성하십시오.

✔ 국내	신체 건강	공기업	대학생	어깨

✔ 해외	지역 주민	팔꿈치	정신 건강	일반 기업

1) 내년에는 국내뿐만 아니라 해외에도 자원봉사단을 보낼 계획입니다.

2) 그 선수는 ________________ ________________도 부상을 당한 것으로 알려졌다.

3) 질병의 발생은 ________________ ________________에도 영향을 크게 받는다고 합니다.

4) 최근 ________________ ________________에서도 자기소개서 및 면접의 비중을 늘리고 있다.

5) 경희대에서는 ________________ ________________을/를 위한 다양한 문화 프로그램을 운영하고 있다.

연습 5 보기 와 같이 친구와 이야기해 보십시오.

보기

이 잡지가 학생들에게 많이 팔린다면서?

응. 나도 읽어 봤는데 내용도 재미있을 뿐만 아니라 학교생활에도 도움이 되더라고.

1) 이번 여름에 피서를 갈까 하는데 어디가 좋을까?

부산 어때? ________________
____

2) 나츠미, 볼링 동아리에 가입했다면서? 볼링은 칠 만해?

응. 직접 해 보니까 ________________
____

3) 장민 씨, 얼마 전에 이사했다면서요? 집은 어때요?

____
____

4) ________ 씨가 반에서 인기가 많다면서요?

네. ________________
____

활동 보기 와 같이 친구와 이야기해 보십시오.

상황 뮤지컬 동아리 정기 공연을 할 장소를 찾고 있다.

추천한 장소	추천을 하는 이유
경영 대학 지하 1층 소강당	• 규모가 커서 많은 인원이 공연을 볼 수 있다. • 조명 시설도 있어서 무대가 화려해 보인다.

보기

가: 유미야, 뮤지컬 공연 장소는 구했어?

나: 아니. 아직 찾고 있어. 어디에서 하는 게 좋을지 고민이네.

가: 경영 대학 지하 1층에 있는 소강당 어때? 규모가 커서 많은 인원이 공연을 볼 수 있을 뿐만 아니라 조명 시설도 있어서 무대가 화려해 보일 것 같은데.

나: 거기 괜찮겠네. 빨리 경영 대학 사무실에 전화해서 물어봐야겠다.

1 방학 때 문화 체험을 할 장소를 찾고 있다.

추천한 장소	추천을 하는 이유
남산 한옥 마을	• 한국의 다양한 전통차를 맛볼 수 있다. • 한복을 입고 전통문화를 체험할 수 있다.

2 ____________________ 을/를 할 장소를 찾고 있다.

추천한 장소	추천을 하는 이유

38 명사 치고, 명사 치고(는)

38-1

지아　저기요, 이 립스틱 발라 봐도 돼요?

점원　네, 그럼요. 발라 보세요.

지아　이게 요즘 배우 송혜미가 바른다고 하는 립스틱 맞죠?

점원　네, 맞아요. 색깔이 예뻐서 매장에서 발라 본 **손님치고** 안 사 가는 사람이 없어요.

'명사 치고'는 앞의 말이 예외가 없이 뒤의 내용과 같음을 나타낼 때 사용한다. 뒤에는 주로 이중 부정 표현이나 반문하는 표현이 온다.

- 가: 고향 친구가 한국에 오는데 뭘 먹으면 좋을까요?
  나: 불고기 어때요? **외국인치고** 불고기를 싫어하는 사람은 거의 없거든요.
- 가: 요즘 날씨 때문인지 자꾸 고향 생각이 나요.
  나: 외국에 사는 **사람치고** 고향이 그립지 않은 사람이 어디 있겠어요?
- 어머니가 만들어 주신 **음식치고** 맛없는 것이 없다.

'명사 치고(는)'은 앞의 말이 나타내는 범주의 일반적인 특성과 다른 예외적인 내용이 올 때 사용한다.

- 가: 이 건물은 지은 지 오래됐다고 들었는데 깨끗하네요.
  나: 관리를 잘해서 그런지 30년 된 **건물치고는** 깨끗한 편이에요.
- 가: 생선구이 하나하고 된장찌개 2인분 시킬까요?
  나: 찌개는 1인분만 시킵시다. 여기 찌개는 **1인분치고** 양이 많은 편이에요.
- 이 차는 **소형차치고** 실내 공간이 넉넉해 소비자들에게 인기를 끌고 있다.

연습 1 보기 와 같이 문장을 완성하십시오.

보기

이 영화는 아이들이 진짜 많이 보는 것 같아요.

만화 영화잖아요. 아이들은 만화 영화를 다 좋아하지요.

➤ 아이들치고 만화 영화를 좋아하지 않는 아이는 없다.

1)

어렸을 땐 엄마 말씀이 잔소리로만 들렸는데 그때 엄마 말씀을 안 들은 게 후회가 될 때가 많아요.

맞아요. 지나고 보면 어른들이 하시는 말씀이 다 맞더라고요.

➤ 어른들이 하시는 말씀치고 ______________________.

2)

'신과 같이'가 인기라고 하던데 봤어? 주연 배우가 송강우인데 정말 재미있대.

응, 봤지. 송강우가 출연한 영화는 다 재미있더라고.

➤ 송강우가 출연한 영화치고 ______________________.

3)

여기가 방송에 나온 커피숍이에요?

네. 유명해서 커피를 좋아하는 사람들은 한 번씩은 다 와 봤을 거예요.

➤ 커피를 좋아하는 사람치고 ______________________.

4)

이번에 듣기 시험을 너무 못 봤어요.

너무 실망하지 마세요. 이번 시험을 본 사람들은 다 어려웠대요.

➤ 이번 시험을 본 사람들치고 ______________________.

연습 2 보기 와 같이 문장을 바꿔 이야기해 보십시오.

보기

우리 학교 학생들은 모두 김 선생님을 알아요.

➔ 우리 학교 학생치고 김 선생님을 모르는 사람이 없어요.

1) 

그 식당에서 파는 음식은 다 맛있어요.

2) 

새로 나온 가전제품은 대부분 기능이 다양해요.

3) 

요즘 대학생들은 모두 카메라 앱을 사용하는 것 같아요.

4) 

서울을 방문하는 외국인 관광객은 거의 다 명동에 가요.

연습 3 보기 와 같이 문장을 완성하십시오.

보기

이 도시락은 5000원짜리 도시락치고는 반찬이 많다.

1)

이 노트북은 요즘 나오는 노트북치고는 ______________________.

2)

이 그림은 초등학생이 그린 그림치고는 ______________________.

3)

장민은 면허를 딴 지 얼마 안 된 사람치고는 ______________________.

4)

이정훈 선수는 축구 국가 대표 선수치고는 ______________________.

연습 4 대화를 완성하십시오.

1) 가: 장민 씨, 다음 학기에도 기숙사에 살 거예요?
나: 네. ______________________________.

2) 가: 흐엉 씨, 퇴근 시간이라서 지하철에 사람이 많았지요?
나: 아니요. ______________________________.

3) 가: 레아 씨, 동생이 중학생이라고 하지 않았어요? 키가 꽤 크네요.
나: 제 동생이 어렸을 때부터 운동을 많이 해서 그런지 ______________________________.

4) 가: 준서 씨, 이거 제가 처음 만들어 본 도자기인데 어때요?
나: 정말요? ______________________________.

활동 보기 와 같이 이야기해 보십시오.

주제 직장인

보기

직장인치고 휴일을 싫어하는 사람은 없어요.

직장인치고 상사의 눈치를 안 보는 사람이 어디 있겠어요?

직장인치고 사표 쓸 생각을 안 해 본 사람은 없을 거예요.

1 유학생

____
____

2 남자/여자

____
____

39 명사 을/를 통해(서)

39-1

지아 어! 장민 씨, 그 자전거 못 보던 건데 새로 샀어요?

장민 네, 타고 다니던 게 고장 나서 새로 샀어요.

지아 좋아 보이네요. 그런데 이 브랜드 좀 비싸지 않아요?

장민 네, 그런데 저는 아는 **사람을 통해서** 싸게 장만했어요.

'명사 을/를 통해(서)'는 어떤 일에 사용된 수단이나 방법을 나타내거나 어떤 일이 거치는 과정이나 경험을 나타낼 때 사용한다. '명사 을/를 통한 명사'의 형태로도 쓴다.

- 가: 공모전 포스터 보고 연락드렸는데요. 자격 조건이 어떻게 되나요?
  나: 네, 대학생이면 다 신청 가능한데요. 자세한 내용은 **홈페이지를 통해** 확인하실 수 있습니다.
- 가: 김 작가님은 회사에 다니시다가 어떻게 여행 작가가 되셨어요?
  나: 몇 년 전 혼자 떠난 **여행을 통해서** 여행의 즐거움을 알게 되었고 그때부터 글을 쓰기 시작했어요.
- 유학 **생활을 통해서** 쌓은 다양한 경험이 나를 성장하게 했다.
- 최근 여러 기업에서 **게임을 통한** 교육 프로그램을 개발 중이다.

연습 1 보기 와 같이 다음을 연결해 이야기해 보십시오.

보기

동아리 활동을 통해 전에는 몰랐던 사진의 매력에 빠졌다.

1) 동아리 활동	•	• 암을 진단할 수 있게 되었다.
2) 인터넷 방송	•	• 학생들은 협동심을 배울 수 있었다.
3) 네티즌의 투표	•	• 전에는 몰랐던 사진의 매력에 빠졌다.
4) 간단한 혈액 검사	•	• 해외에서 열리는 스포츠 경기를 볼 수 있다.
5) 2박 3일간의 캠프	•	• 예능 프로그램 '퀴즈쇼'가 인기 프로그램으로 선정되었다.

연습 2 보기 와 같이 문장을 바꿔 이야기해 보십시오.

보기 토론 수업을 하면서 사고력을 기를 수 있었다.

➜ 토론 수업을 통해서 사고력을 기를 수 있었다.

1) 라디오 방송에서 그 노래의 숨은 이야기가 소개되었다.

➜ ______________________________

2) 서류 심사와 면접을 거쳐 신입 사원을 선발할 예정이다.

➜ ______________________________

3) 한국 드라마를 보면서 한국 문화를 이해할 수 있게 되었다.

➜ ______________________________

4) 아르바이트를 하면서 사회 경험도 쌓고 다양한 사람들도 만날 수 있었다.

➜ ______________________________

연습 3 보기 와 같이 문장을 완성하십시오.

보기

카드 이용 고객 가운데 매달 추첨을 통해 <u>푸짐한 선물을 드립니다.</u>

1)

취미 생활을 통해서 ________________.

2)

요즘 사람들은 SNS를 통해 ________________.

3)

배우 박진호 씨는 인터뷰를 통해서 ________________.

4)

정기적인 건강 검진을 통해서 ________________.

활동 보기 와 같이 이야기해 보십시오.

주제 유학 생활을 마치고 돌아온 소감

보기

저는 1년 전에 유학원을 통해서 한국에 유학을 가게 됐어요.
유학을 가기 전에 인터넷을 통해서 한국이 어떤 나라인지 알아봤어요.
1년 동안의 유학 생활을 통해서 한국어뿐만 아니라 한국 문화도 배울 수 있었어요.

1. 대학 생활을 마치고 곧 졸업하는 학생의 소감

2. 영화 촬영을 마친 영화감독의 소감

40 동작동사 아/어 가다/오다

40-1

리포터 오늘은 국악인 김희성 씨를 모시고 이야기를 나눠 보겠습니다. 안녕하세요.

김희성 네, 안녕하세요. 김희성입니다.

리포터 요즘 김희성 씨 덕분에 민요가 인기를 끌고 있는데요. 언제부터 민요를 부르셨나요?

김희성 5살 때 처음 배우기 시작해서 지금까지 쭉 **불러 왔습니다.**

'동작동사 아/어 가다/오다'는 어떤 동작이 진행되거나 지속됨을 나타낸다. '동작동사 아/어 오다'는 어떤 동작이 과거부터 지금까지 계속되거나 진행됨을 나타내고 '동작동사 아/어 가다'는 어떤 동작이 끝을 향해 계속 진행됨을 나타낸다. '동작동사 아/어 가다'는 주로 '–겠–'과 함께 사용하여 미래에 대한 계획이나 희망을 말할 때 사용한다.

- 가: 지금까지 많은 스타를 **만나 오셨는데요.** 가장 기억에 남는 분은 누구세요?
  나: 제가 처음 인터뷰한 배우 박진호 씨가 가장 기억에 남습니다.
- 가: 부모님께서 만드신 가게라고 들었는데요. 앞으로도 계속 운영하실 계획인가요?
  나: 네. 우리 가족의 전통이 남아 있는 가게이니 앞으로도 계속 **이어 가겠습니다.**
- 우리 회사는 꾸준히 신제품 개발을 위한 투자를 **해 왔습니다.**
- 남은 선수 생활도 지금까지 **해 온** 것처럼 최선을 다하겠습니다.

'–아/어 가다'는 어떤 동작이 거의 끝났음을 나타낼 때도 사용한다.

- 가: 회의 자료 준비는 다 했어요?
  나: 네, 거의 다 **끝나 가요.** 자료 정리는 다 했고 이제 복사만 하면 돼요.
- 면접을 보러 들어갈 시간이 거의 다 **되어 가니** 초조하다.

연습 1 보기 와 같이 다음을 연결해 이야기해 보십시오.

보기 김 교수님은 30년 동안 기후 변화를 연구해 오셨습니다.

1) 김 교수님은 30년 동안 기후 변화를 연구하다

2) 앞으로 시민 여러분 모두가 행복한 도시를 만들다

3) 어렸을 때부터 음악에 관심이 많아 밴드 활동을 하다

4) 이제부터 어려운 사람들을 위해 애쓰신 선생님의 깊은 뜻을 따르다

5) 지난 5년간 우리 팀에서는 신제품 개발을 위해 소비자의 요구를 분석하다

–아/어 가다

–아/어 오다

연습 2 알맞은 것을 골라 문장을 완성하십시오.

만들다 배우다 노력하다 전해지다

1) 신화는 옛날부터 ______________(으)ㄴ 신과 영웅들의 이야기이다.

2) 앞으로도 시청자를 위해 사회 문제를 다룬 프로그램을 ______________.

3) 음악가의 꿈을 이루기 위해 어렸을 때부터 다양한 악기를 ______________.

4) 지금까지 최선을 다해 ______________았으니/었으니 최고의 실력을 보여 드리겠습니다.

연습 3 대화를 완성하십시오.

1) 가: 장민, 곧 영화 시작 시간인데 왜 안 와?

나: 거의 다 ______________________(으)니까 조금만 기다려 줘.

2) 가: 이번 연휴는 길다고 생각했는데 이제 겨우 이틀밖에 안 남았어.

나: 그러게. 벌써 연휴가 다 ______________________ 너무 아쉽다.

3) 가: 이번에 유럽으로 배낭여행을 간다면서? 여행 경비가 많이 들지 않아?

나: 경비가 많이 들 것 같아서 작년부터 용돈을 ______________________.

4) 가: 소식 들었어? 다음 달에 열리기로 했던 이서현 콘서트가 취소됐대.

나: 정말? 콘서트 볼 날만 ______________________았는데/었는데 속상하다.

5) 가: 어제 한 소개팅은 어땠어? 준서는 네가 마음에 든다고 하던데.

나: 나도 괜찮았어. 그래서 앞으로 만나면서 서로에 대해 조금씩 ______________________(으)려고.

활동 보기 와 같이 이야기해 보십시오.

상황 두 배우가 공개 연애를 발표했다.

현재까지의 상황	앞으로의 다짐
기자에게 들킬까 봐 몰래 만났다.	앞으로 더욱 서로를 아끼며 예쁘게 만나겠다.

보기 처음에는 기자들에게 들킬까 봐 다른 사람들에게 말도 못하고 몰래 만나 왔습니다. 하지만 이렇게 공개 연애를 발표하게 되어 마음이 편합니다. 앞으로 더욱 더 서로를 아끼며 예쁘게 만나겠습니다.

1 선수가 올림픽 출전을 앞두고 있다.

현재까지의 상황	앞으로의 다짐
4년 동안 잠자는 시간까지 줄여 가며 연습을 했다.	올림픽에서 금메달을 딸 수 있도록 노력하겠다.

2 학생이 한국에서 유학 생활을 하고 있다.

현재까지의 상황	앞으로의 다짐

41 동사 길래

41-1

한나　나츠미, 못 보던 옷이네? 너한테 잘 어울리는데.

나츠미　그래? 다행이다. 안 어울릴까 봐 사실 좀 걱정했는데.

한나　너, 소개팅할 때 입으려고 그 옷 샀구나.

나츠미　아니야. 어제 우연히 명동에 갔는데 **세일하길래** 하나 샀어.

'동사 길래'는 앞에 화자가 직접 보거나 들은 것, 느낀 것을 이유로 하여 뒤에 자신이 어떤 일을 함을 나타낼 때 사용하며 주로 구어에서 쓴다.

- 가: 밤이 늦었는데 어디 갔다 왔냐?
  나: 잠이 **안 오길래** 잠깐 산책 나갔다 왔어.
- 가: 이번에 인턴십 프로그램을 신청한다면서요?
  나: 아니요. 신청하려다가 자격 조건이 좀 **까다롭길래** 그냥 포기했어요.
- 학생 식당 문이 **닫혔길래** 다른 식당에 가서 밥을 먹었어요.
- 김 과장님께서 판매 현장에 **나간다고 하시길래** 저도 따라갔다 왔어요.

'누구, 무엇, 무슨, 어디, 얼마나, 어떻게' 등과 같은 말과 함께 쓰여 궁금한 점을 구체적으로 질문할 때도 사용한다. 뒤에는 '이렇게/그렇게/저렇게' 표현이 자주 온다.

- 가: 스마트폰으로 뭘 **보길래** 그렇게 웃고 있냐?
  나: 이거 새로 시작한 프로그램인데 진짜 웃겨. 너도 같이 볼래?
- 가: 와, 저 댄스 공연 팀 대단하네요. 준비를 얼마나 **했길래** 저렇게 잘할까요?
  나: 그러게요. 정말 프로 댄스 팀과 비교해도 실력이 부족하지 않네요.

연습 1 보기 와 같이 문장을 바꿔 이야기해 보십시오.

보기 한나가 보고서 작성하는 걸 어려워하더라고. 그래서 도와주겠다고 했어.

➜ 한나가 보고서 작성하는 걸 어려워하길래 도와주겠다고 했어.

1) 마트에 갔다가 싱싱한 바닷가재가 눈에 띄더라고요. 그래서 한 마리 사 왔어요.
➜ ______________________________.

2) 밖에 나갔더니 생각보다 날씨가 좀 쌀쌀하던데. 그래서 겉옷을 하나 더 입었어.
➜ ______________________________.

3) 장민 씨가 캠핑 때 쓸 텐트하고 침낭이 필요하다고 하더라고요. 그래서 빌려줬어요.
➜ ______________________________.

4) 대학교 때 같이 동아리 활동을 한 후배가 회사에 찾아왔더라. 그래서 밥 한 끼 사 줬어.
➜ ______________________________.

5) 강남에 일이 있어서 갔다가 친구가 운영하는 식당이 그 근처에 있더라. 그래서 잠깐 들렀어.
➜ ______________________________.

연습 2 보기 와 같이 문장을 완성하십시오.

보기

이 식당은 음식이 얼마나 맛있길래
손님들이 이렇게 줄 서서 기다릴까요?

1)

____
그렇게 옷을 차려입었니?

2)

____
그렇게 얼굴을 찌푸리고 있니?

3)

____
저렇게 연주를 잘할까요?

4)

____
병원에 입원을 했어?

연습 3 대화를 완성하십시오.

1) 가: 장민 씨, 자전거가 고장 났다면서요? 수리는 맡겼어요?

나: 아니요. 어제 수리점에 갔는데 ______________________ 그냥 왔어요.

2) 가: 지하철역에서 여기까지 5분밖에 안 걸리는데 왜 이렇게 늦었어?

나: 미안해. 오다가 할머니 한 분이 ______________________ 도와드리느라고 늦었어.

3) 가: 상진 씨, 지난달 판매량은 정리가 다 됐나요?

나: 그건 타나 씨가 직접 ______________________ 저는 다른 일을 처리하고 있는데요.

4) 가: ______________________ 택배 상자가 이렇게 무거워?

나: 이번에 출판된 한국 문학책을 20%나 할인한다고 해서 인터넷으로 주문했어.

5) 가: ______________________ 옷이 젖을 정도로 그렇게 땀을 많이 흘렸냐?

나: 마음도 답답하고 해서 근처에 있는 공원에서 조깅 좀 하고 왔어.

활동 보기 와 같이 친구와 이야기해 보십시오.

상황 친구와 역사박물관에 가기로 했는데 사정이 있어서 가지 못한다.

약속	약속을 어기는 이유
친구와 내일 역사박물관에 가기로 했다.	교수님께서 내일 학과 행사 진행을 부탁하신다.

보기

가: 준서야, 어떻게 된 거야? 내일 같이 자료를 구하러 역사박물관에 가기로 하지 않았어?

나: 미안해. 사정이 있어서 못 갈 것 같아.

가: 도대체 무슨 사정이길래 그래?

나: 교수님께서 내일 학과 행사 진행을 부탁하시길래 도와드리겠다고 했거든.

1 친구와 크리스마스에 만나기로 했는데 사정이 있어서 만나지 못한다.

약속	약속을 어기는 이유
친구와 크리스마스에 만나기로 했다.	아버지께서 크리스마스에 같이 가족 여행을 가자고 하신다.

2 친구와 ____________ 기로 했는데 사정이 있어서 ____________ 지 못한다.

약속	약속을 어기는 이유

42 명사 마저, 명사 조차

42-1

흐엉 레아, 아침부터 어디 갔다 왔어?

레아 프랑스 친구가 고향에 돌아가게 돼서 배웅하러 갔다 왔어. 한 명 남은 고향 **친구마저** 고향에 돌아가니까 좀 쓸쓸하다.

흐엉 내가 있잖아. 너무 쓸쓸해하지 마. 그런데 오늘 날씨 정말 춥지 않아? 난 오늘이 올해 들어 가장 추운 날이라고 해서 나갈 **생각조차** 못 했어.

'명사 마저'는 하나 남은 마지막을 나타내거나 현재 상황에서 그 이상의 것을 더함을 나타낼 때 사용한다.

- 가: 장민 씨, 무슨 일 있어요? 기분이 안 좋아 보이는데요.
  나: 네. 오늘 기말고사 결과가 나왔는데요. 다른 과목은 물론이고 제일 자신이 있는 **과목마저** 성적이 떨어져서요.
- 가: 첫 배낭여행은 재미있었어요?
  나: 아니요. 여행지에서 식중독에 걸린 데다가 여행 도중에 **여권마저** 잃어버려서 제대로 구경도 못 했어요.
- 부동산 가격이 많이 오른 데다가 **물가마저** 상승해서 서민 경제가 어려워졌다고 한다.

'명사 조차'는 가장 기본이 되는 것을 나타낼 때 사용한다.

- 가: 상진 씨, 왜 이렇게 힘이 없어 보여요?
  나: 며칠 야근을 했더니 집에 갈 **기운조차** 없네요.
- 가: 할아버지께서는 여전히 운동을 열심히 하시죠?
  나: 아니요. 나이가 드셔서 이제는 운동은커녕 **걷기조차** 힘들어하세요.
- 출퇴근 시간에는 지하철이 몸을 **움직일 수조차** 없을 정도로 사람들로 붐빈다.

연습 1 알맞은 것을 골라 문장을 완성하십시오.

집	버스	습도	✔ 막내딸	휴대폰

1) 하나 남은 막내딸마저 시집을 가니까 집이 텅 빈 느낌이에요.

2) 지갑을 집에 두고 왔는데 ______________ 잃어버려서 당황했어요.

3) 아침에 늦게 일어난 데다가 ______________ 놓쳐서 학교에 지각을 했어요.

4) 경험 없이 사업을 시작해서 그나마 가지고 있던 ______________ 날려 버렸습니다.

5) 날씨가 더운 데다가 ______________ 높아서 사람들이 불쾌감을 쉽게 느끼는 것 같아요.

연습 2 알맞은 것을 골라 문장을 완성하십시오.

기운	생각	✔ 원인	이름	케이블카

1) 몇 주간 가슴 통증으로 고생을 하고 있는데 아직 원인조차 찾지 못했어요.

2) 이사를 하느라 무리를 했더니 밥 먹을 ______________ 없어요.

3) 고소공포증이 너무 심해 놀이 기구는커녕 ______________ 못 타요.

4) 두 사람은 자주 싸워서 둘이 사귈 줄은 ______________ 하지 못했어요.

5) 세월이 너무 흘러서 이제는 친구들의 ______________ 기억이 나지 않는다.

연습 3 알맞은 것을 골라 문장을 완성하십시오.

읽다	서 있다	✓ 숨 쉬다	눈을 뜨다	앉아 있다

1) 화재 현장은 연기로 가득 차 숨 쉬기조차 어려운 경우가 많습니다.

2) 너무 어지러워서 의자에 ____________________ 힘들어요.

3) 인쇄 상태가 너무 나빠서 글을 ____________________ 없습니다.

4) 눈에 먼지가 들어가서 ____________________ 없을 정도로 아파요.

5) 버스 안은 사람들로 꽉 차서 손잡이를 잡고 ____________________ 어려웠어요.

연습 4 보기 와 같이 친구와 이야기해 보십시오.

보기

아까 선생님께서 조금 화를 내시던데 네가 늦게 와서 그래?

응. 늦게 온 데다가 오늘까지 제출해야 할 과제마저 안 해 와서 혼이 좀 났어.

1) 프랑스어를 배운 지 오래됐는데 아직도 기억나는 게 있어요?

아니요. ____________________

2) 이번 면접이 많이 어려웠다고 하던데 준서 씨는 잘 봤어요?

아니요. ____________________

3) 오늘 일하느라 고생 많았어. 종일 서 있어서 다리가 아프지?

응. ____________________

활동

보기 와 같이 친구와 이야기해 보십시오.

상황 발표 준비를 열심히 했지만 팀 발표를 망쳐서 기분이 좋지 않다.

팀 발표를 망친 이유	지금의 기분
긴장을 많이 해서 실수를 한 데다가 발표 도중에 컴퓨터가 고장났다.	발표에 대해 생각도 하고 싶지 않다.

보기

가: 팀 발표는 잘했어?

나: 아니. 긴장을 많이 해서 실수를 한 데다가 발표 도중에 컴퓨터마저 고장이 나서 발표를 망쳤어.

가: 발표 준비를 열심히 했는데 아쉬웠겠다.

나: 응. 그래서 발표에 대해 생각조차 하고 싶지 않아.

1 과장님이 김 대리 때문에 화가 나서 사무실 분위기가 좋지 않다.

과장님이 화가 난 이유	사무실의 분위기
김 대리가 지각을 한 데다가 회의 준비를 하지 않았다.	소리 내서 말하기도 힘들다.

2 목감기에 심하게 걸려서 목이 많이 아프다.

목감기에 걸린 이유	목의 상태

43 동사 거든

43-1

친구 지아야, 다음 주 금요일에 고등학교 동창회 갈 거지?

지아 아니. 졸업 논문 때문에 바빠서 못 갈 것 같아.

친구 정말? 친구들이 너 많이 보고 싶어 할 텐데.

지아 네가 친구들 **만나거든** 잘 좀 얘기해 줘. 나 대신 안부도 좀 전해 주고.

'동사 거든'은 '어떤 일이 사실이거나 사실로 실현되면'의 뜻으로 뒤 절에 대한 조건을 나타낼 때 사용한다. 주로 구어에서 쓰이며 뒤에는 명령, 권유, 부탁, 약속 등의 표현이 온다.

- 가: 이사님, 지금 부장님이 자리에 없는데요. 메모 남겨 드릴까요?
  나: 아, 그래요? 박 부장이 **오거든** 내 방으로 빨리 좀 오라고 전해 줘요.
- 가: 메뉴 조금 더 보고 주문할게요.
  나: 네. 천천히 보시고 궁금한 게 **있으시거든** 불러 주세요.
- 휴대폰 요금이 많이 **나왔거든** 통신사에 전화해서 확인해 봐.
- 재학 증명서를 **떼시려거든** 1층에 있는 발급기를 이용해 주세요.

연습 1 보기 와 같이 다음을 연결하십시오.

보기 친구가 사과하다 — 못 이기는 척하고 받아 주다

친구가 사과하거든 못 이기는 척하고 받아 주세요.

1)	다시 한국에 방문하다	나한테 꼭 연락하다
2)	회의에 참석하기 어렵다	미리 알려 주다
3)	일이 많아서 혼자 하기 힘들다	동료에게 부탁해 보다
4)	약을 먹어도 열이 안 떨어지다	병원에 가서 진료를 받다
5)	다음 달 초에 휴가를 낼 수 있다	부산국제영화제에 같이 가다

연습 2 알맞은 것을 골라 대화를 완성하십시오.

가렵다 드시다 주문하다 필요하다

1) 가: 발표할 때 노트북을 써야 하는데 고장 났어. 어떡하지?
나: 노트북이 ______________ 도서관에 문의해 봐. 장민도 지난번에 도서관에서 빌렸다고 하더라.

2) 가: 모기에 물렸나 봐.
나: 많이 ______________ 이 연고 발라 봐. 이거 바르니까 금방 가라앉더라고.

3) 가: 김 대리님, 저녁 드셨어요? 아직 ______________ 저랑 간단하게 드실래요?
나: 네, 좋아요. 저도 배가 고팠는데 잘됐네요.

4) 가: 이 운동화 어때? 예전부터 사려고 했는데 지금 세일하더라고.
나: 아, 이거 요즘 인기가 많던데 ______________ 빨리 해. 금방 품절될 거 같아.

연습 3 보기 와 같이 친구와 이야기해 보십시오.

보기

사장님을 뵈러 왔는데요.

지금 외출 중이신데요.
사장님을 만나시려거든
3시 이후에 오세요.

1) 잘 가. 이따 집에 들어가서
연락할게.

2) 눈에 뭐가 들어갔나 봐.
아까부터 계속 따가워.

3) 방학에 제주도에 여행을
가려고 하는데 비행기표가
없을까 봐 걱정이에요.

4) 엄마, 유학 가서 열심히
공부하고 돌아올게요.

활동 보기 와 같이 메모하십시오.

상황 엄마가 외출하면서 나에게 메모를 남겼다.

보기

부탁한 내용	메모
• 빨래가 마르면 잘 개서 옷장에 넣기 • 밥 다 먹으면 설거지해 놓기	정은아, 엄마가 갑자기 일이 생겨서 나가는데 밤늦게 올 것 같아. 엄마가 오늘 아침에 빨래를 해서 널어 놨거든. 빨래가 다 마르거든 잘 개서 옷장에 넣어 놔. 그리고 저녁을 다 먹거든 설거지도 꼭 해 놓고. 부탁할게.

상황 내가 여행을 가면서 룸메이트에게 메모를 남겼다.

부탁한 내용	메모
• 택배가 오면 잘 챙겨 두기 •	

44 동사 듯(이)

44-1

지아　어제 러시아 발레단 내한 공연 보고 왔다면서? 괜찮았어?

나츠미　응, 기대 이상으로 재미있게 봤어.

지아　주연으로 나온 발레리나가 세계적으로 유명한 사람이라면서? 실제로 보니 어땠어?

나츠미　그 발레리나는 마치 나비가 **날듯이** 우아하게 움직이더라고. 나는 발레하는 모습이 그렇게 아름다울 줄 몰랐어.

'동사 듯(이)'는 앞의 내용과 뒤의 내용이 거의 비슷함을 나타낼 때 사용한다. 잘 알고 있는 상황을 통해 뒤의 내용을 설명할 때도 쓴다.

- 가: 감독님, 김윤호 선수의 가장 큰 장점은 무엇이라고 생각하세요?
  나: 김 선수의 가장 큰 장점은 연습을 할 때도 늘 실제 경기를 **하듯이** 최선을 다하는 것이죠.
- 가: 교수님, 좋은 글을 쓰려면 무엇이 가장 중요한가요?
  나: 음식 만들 때 재료가 **중요하듯이** 글을 쓸 때도 좋은 소재가 중요합니다.
- 그 작가는 직접 겪은 일을 그림을 **그리듯** 자세하게 묘사했다.
- 작년에도 투표율이 **높았듯이** 올해에도 많은 시민들이 투표에 참여할 것으로 예상됩니다.

다음과 같이 관용적인 표현으로도 사용된다.

- 이상수 감독의 영화는 언제나 결말이 **불 보듯** 뻔하다.
- 그 사람의 사과 한마디에 서운했던 감정들이 **눈 녹듯이** 사라졌다.

연습 1 보기 와 같이 다음을 연결하십시오.

보기 두 사람이 싸우다 / 큰 소리로 이야기를 해서 깜짝 놀라다

➔ 두 사람이 싸우듯이 큰 소리로 이야기를 해서 깜짝 놀랐어요.

1)	나츠미는 마치 갓난아이를 안다	조심스럽게 새끼 고양이를 안아 주다
2)	비행기 조종사들이 게임을 하다	컴퓨터로 비행 훈련을 하다
3)	장민은 화가 나서 점원에게 따지다	말하다
4)	루카스는 선생님을 보자마자 도망치다	허둥지둥 밖으로 나가다
5)	폭설로 인해 도로 위의 차들이 기어가다	천천히 움직이다

연습 2 보기 와 같이 다음을 연결해 이야기해 보십시오.

보기 십 년이면 강산도 변하듯이 모든 것은 변하기 마련이다.

1) 십 년이면 강산도 변하다	성격도 모두 다르다
2) 사람마다 외모가 다르다	모든 것은 변하기 마련이다
3) 추운 겨울이 가면 봄이 오다	기계도 오래 사용하면 자주 고장이 나다
4) 나이가 들면 이곳저곳 아프다	힘든 일을 견디고 나면 좋은 일이 생길 것이다

연습 3 알맞은 것을 골라 대화를 완성하십시오.

물 쓰다	밥 먹다	불 보다	비 오다

1) 가: 장민 씨, 왜 이렇게 땀을 ________________ 흘려요?
   나: 평소보다 더 오랫동안 운동을 했더니 땀이 많이 나네요.

2) 가: 저 옷 정말 예쁜데 나한테 잘 어울릴까?
   나: 또 옷 사려고? 그렇게 돈을 ________________ 쓰면 나중에 어떻게 하려고 그래?

3) 가: 어제 루카스가 한 말이 또 거짓말이었대.
   나: 정말? 그렇게 거짓말을 ________________ 하면 아무도 루카스의 말을 믿지 않을 텐데.

4) 가: 이번에는 이반 씨가 시험에 합격할까요?
   나: 그렇게 공부를 안 하는데 어떻게 합격할 수 있겠어요? 결과는 ________________ 뻔해요.

연습 4 대화를 완성하십시오.

1) 가: 이번 행사는 문제없이 잘 끝난 것 같아요.
   나: 네, 맞아요. 행사 진행이 물 흐르듯이 ________________.

2) 가: 나츠미는 한국어를 정말 잘하는 것 같아.
   나: 맞아. 나츠미는 꼭 한국 사람이 말하듯이 ________________________.

3) 가: 벚꽃은 다 피어 있을 때도 예쁘지만 떨어질 때가 더 예쁜 것 같아요.
   나: 그렇죠? 저도 바람이 불 때 마치 눈이 내리듯이 ________________________.

4) 가: 어제 집에 잘 들어갔어?
   나: 응. 그런데 집에 가니까 너무 피곤해서 씻지도 않고 쓰러지듯이 ________________________.

활동 게임 방법을 보고 몸으로 표현하십시오.

게임 방법

① 두 팀으로 나눈다.

② 활동지를 잘라서 팀별로 나누어 가지고 어떻게 몸으로 표현할지 생각한다.

③ 한 팀의 두 명이 활동지에 있는 모든 동작을 몸으로 표현하고 다른 팀은 무엇을 표현하는지 맞춘다.

④ 교사는 시작과 동시에 시간을 잰다.

⑤ 두 팀 중 빨리 끝낸 팀이 이긴다.

토끼가 뛰듯이 깡충깡충 뛰어요.

거북이가 기어가듯이 느리게 기어가요.

아이가 걷듯이 귀엽게 걸어가요.

치타가 달리듯이 빠르게 달려요.

물개가 헤엄치듯이 수영을 잘해요.

선생님이 가르치듯이 자세하게 설명해요.

45 동작동사 (으)ㄹ걸 (그랬다)

45-1

한나　이 많은 걸 혼자 다 들고 왔어?

친구　배달 손님이 너무 많아서 그냥 들고 왔어.
　　　그런데 오다가 너무 무거워서 후회했어.

한나　진짜 힘들었겠다.

친구　이렇게 힘들 줄 알았더라면 그냥 **배달시킬걸 그랬어.**

'동작동사 (으)ㄹ걸 (그랬다)'는 자신의 행동에 대한 후회나 아쉬움을 나타낼 때 사용한다.

- 가: 내일이면 벌써 여행 마지막 날이네.
  나: 그러게, 정말 아쉽다. 여행 일정을 조금 더 길게 **잡을걸 그랬어.**

- 가: 헬스장에 잘 다니고 있어요?
  나: 바빠서 요즘 통 못 갔어요. 이럴 줄 알았으면 **등록하지 말걸 그랬어요.**

- 이렇게 햇빛이 강할 줄 알았더라면 선글라스를 챙겨 **올걸.**

- 지금 생각해 보니 그때 더 열심히 **할걸 그랬다는** 아쉬움이 든다.

연습 1 알맞은 것을 골라 문장을 완성하십시오.

도전하다 반납하다 찾아뵈다 ✔신경 쓰다 챙겨 가다

1) 이렇게 몸이 여기저기 아플 줄 알았다면 평소에 건강에 조금 더 신경 쓸걸 그랬어요.

2) 한 살이라도 어렸을 때 내가 하고 싶었던 일에 ______________________.

3) 부모님께서 살아 계실 때 좀 더 자주 연락드리고 ______________________.

4) 연체료를 이렇게 많이 낼 줄 알았으면 대출한 책을 일찍 ______________________.

5) 현지 음식이 그렇게 입에 안 맞을 줄 알았더라면 컵라면이라도 좀 ______________________.

연습 2 상황에 맞게 보기 와 같이 이야기해 보십시오.

보기

마을버스 줄이 길어서 학교까지 택시를 타고 왔는데 걸어오는 것보다 오래 걸렸어요.

이렇게 길이 막힐 줄 알았더라면

그냥 걸어서 올걸 그랬어요.

택시를 타지 말걸 그랬어요.

1) 주말에 밖에 나갔는데 갑자기 비가 오는 바람에 비를 맞고 감기에 걸렸어요.

이렇게 날씨가 안 좋을 줄 알았더라면

____

____

2) 오늘 굽이 높은 구두를 신었는데 외근이 있어서 다닐 때 힘들었어요.

외근이 많을 줄 알았으면

____

____

3) 어젯밤에 축구 경기를 보느라 새벽에 잤더니 너무 피곤해요. 게다가 제가 응원하는 팀이 졌어요.

제가 응원하는 팀이 질 줄 알았으면

4) 저녁에 갈비를 먹었는데 맛이 없었어요. 옆 테이블 사람들이 먹던 삼겹살은 맛있어 보였어요.

갈비가 그렇게 맛없을 줄 알았더라면

연습 3 대화를 완성하십시오.

1) 가: 어! 휴지가 없네. 집에 휴지 사 놓은 거 있어?

나: 어쩌지? 다 떨어졌나 봐. 아까 마트에서 휴지 할인하던데 ______________________.

2) 가: 어제 취업 설명회 왜 안 왔어? 좋은 정보가 정말 많았는데.

나: 그래? 특별한 게 없을 줄 알고 안 갔는데 나도 ______________________.

3) 가: 요즘 차 가지고 다니니까 어때요?

나: 지하철로 다닐 때보다 시간도 반밖에 안 걸려서 좋아요. 운전을 ______________________.

4) 가: 회사에 다니다가 사업하니까 할 만해요?

나: 아니요. 회사 다닐 때가 훨씬 더 좋았어요. 그냥 ______________________.

5) 가: 배터리가 5%밖에 안 남았네. 휴대폰을 이렇게 많이 쓸 줄 알았더라면 ______________________.

나: 내가 충전기 빌려줄까? 가방에 있는데 잠깐 기다려 봐.

활동 보기 와 같이 물건을 사고 후회한 경험에 대해 친구와 이야기해 보십시오.

물건	상황
원피스	원피스를 샀는데 디자인이 화려해서 그런지 나한테 어울리지 않는 것 같다.

보기 가: 나, 원피스 괜히 산 것 같아.

나: 왜? 원피스를 입어 보고 마음에 들어했잖아.

가: 그때는 디자인이 마음에 들어서 샀는데 생각보다 안 어울리더라고.
이럴 줄 알았으면 화려하지 않은 디자인으로 살걸 그랬어.

1

물건	상황
운동화	매장에 사러 갈 시간이 안 돼서 인터넷으로 운동화를 샀는데 좀 작다.

2

물건	상황

46 동작동사 고 말다

46-1

뉴스

지구에는 수많은 동물이 살고 있습니다. 하지만 인간의 욕심 때문에 사라진 동물들이 있습니다. 화면에 보이는 '크낙새'도 그렇습니다. '크낙새'는 무리한 개발로 인해 그 수가 줄다가 결국 2017년 한국에서 **사라지고 말았습니다.**

'동작동사 고 말다'는 어떤 일이 과정을 거쳐 일어났음을 나타낼 때 사용한다. 주로 그 결과가 의도하지 않은 일이라서 안타까워하는 기분을 표현할 수 있다.

- 가: 다이어트한다고 저녁을 안 먹기로 했다면서? 결심한 대로 저녁은 안 먹고 있어?
  나: 아니. 이틀까지는 참았는데 어제 결국 라면을 **먹고 말았어.**

- 가: 장민, 너도 결국 독감에 걸렸구나.
  나: 응. 독감이 유행이라고 해서 조심했는데도 **걸리고 말았어.**

- 생활비를 아끼려고 노력했지만 결국 다 **쓰고 말았다.**

또한 어떤 일을 이루겠다고 하는 강한 의지를 나타낼 때도 사용한다.

- 가: 내일 면접이 있다면서? 준비는 잘돼 가?
  나: 응. 예상 질문도 정리해서 연습하고 있어. 이번에는 꼭 **합격하고 말 거야.**

- 동시 통역사가 되는 길이 아무리 힘들더라도 제 꿈을 꼭 **이루고 말겠습니다.**

연습 1 알맞은 것을 골라 문장을 완성하십시오.

✔쉬다	지다	이루다	화내다	벗겨지다

1) 매일 3시간씩 노래 연습을 하다 보니 목이 쉬고 말았다.

2) 버스를 타려고 급하게 뛰어가다가 그만 신발이 ______________________.

3) 박진아 씨는 7년의 노력 끝에 드디어 변호사의 꿈을 ______________________.

4) 국내 1위 팀을 상대로 최선을 다했지만 결국 우리 팀은 ______________________.

5) 친구와 싸우지 않으려고 마음먹었는데 친구가 자꾸 기분을 상하게 해서 ______________________.

연습 2 보기 와 같이 문장을 완성하십시오.

보기

올해 목표 : 토픽 6급 합격하기

올해는 꼭 토픽 6급에 합격하고 말 거야.

1) 이번 학기 목표: 장학금 받기

이번 학기에는 반드시 ______________________ ______________________.

2) 올해 목표: 책 50권 이상 읽기

올해는 꼭 ______________________ ______________________.

3) 내년 목표: 대학원 입학

내년에는 ______________________ ______________________.

4) 5년 안의 목표: 내 집 마련하기

5년 안에는 ____________________
____________________.

5) 5년 후 목표: 한국에서 취직하기

5년 후에는 ____________________
____________________.

연습 3 대화를 완성하십시오.

1) 가: 오늘도 낚시 가? 지난번에도 못 잡고 왔잖아.
   나: 걱정하지 마. 이번에는 한 마리라도 꼭 ____________________.

2) 가: 아까 영화 보다가 왜 그렇게 울었어?
   나: 참으려고 했는데 우리 엄마가 떠올라서 ____________________.

3) 가: 일이 바쁜 탓에 계속 식사를 걸렀더니 결국 위염에 ____________________.
   나: 바빠도 식사는 잘 챙겨 먹어야죠.

4) 가: 아이고 깜짝이야. 장민, 왜 이렇게 큰 소리로 불러?
   나: 미안. 계속 불러도 안 쳐다 보길래 나도 모르게 그만 ____________________.

5) 가: 경희 호텔이 국내에서 가장 인기 있는 호텔로 선정되었는데요. 다음 목표 좀 말씀해 주시죠.
   나: 앞으로 저희 호텔을 국내뿐만 아니라 세계에서도 인정받을 수 있는 호텔로 ____________________.

활동 보기 와 같이 이야기해 보십시오.

열심히 노력했지만 실패한 경험과 앞으로의 다짐

열심히 노력한 일	결과	앞으로의 다짐
가수가 되고 싶어서 오디션을 봤다.	본선에서 떨어졌다.	실력을 키워 가수가 되겠다.

보기 저는 가수가 되고 싶어서 3년 동안 준비를 했어요. 노래 연습도 하고 춤도 배워서 오디션 프로그램에 나갔어요. 예선을 통과해서 열심히 노력을 했지만 본선에서 떨어지고 말았어요. 처음에는 마음이 많이 아팠지만 저는 제 꿈을 포기하지 않을 거예요. 노래뿐만 아니라 작사, 작곡 실력도 키워서 꼭 가수가 되고 말겠어요.

열심히 노력한 일	결과	앞으로의 다짐

47 동작동사(으)ㄴ 결과

47-1

기자 감독님, 우승을 축하드립니다.

감독 감사합니다.

기자 이번 시즌 동안 팀의 활약이 대단했는데요. 그동안 고생한 선수들에게 한 말씀 부탁드립니다.

감독 모든 선수들이 한마음이 되어 열심히 **노력한 결과** 우승을 할 수 있었다고 생각합니다. 이 자리를 통해 선수들에게 고맙다는 말을 전하고 싶습니다.

'동작동사(으)ㄴ 결과'는 어떤 일로 인해 생긴 상황을 나타낼 때 사용한다. 주로 공식적인 상황에서 쓰인다.

- 가: 이번 시험에서 응시자 중 최고점을 받으셨는데요. 비결이 무엇인가요?
  나: 틀린 문제를 중심으로 **공부한 결과** 좋은 점수를 받을 수 있었습니다.
- 여행 일정을 무리하게 **잡은 결과** 피로가 쌓여 결국 몸살이 나고 말았다.
- 무더위가 **계속된 결과** 야외 활동을 하다가 쓰러지는 사람들이 늘고 있다고 합니다.

'동작동사(으)ㄴ 결과'는 '분석하다, 실험하다, 연구하다, 조사하다' 등과 함께 쓰여 어떤 일을 한 후에 알게 된 사실이나 정보를 제시할 때도 사용한다.

- 가: 이 기자, 금연 거리 확대에 대한 서울 시민들의 의견은 어떻습니까?
  나: 서울 시민들의 응답을 **분석한 결과** 98%가 찬성하고 있는 것으로 나타났습니다.
- 통계청에서 국내 도시의 물가를 **조사한 결과** 부산의 물가가 두 번째로 높은 것으로 나타났다.
- 미국의 한 대학 연구팀이 인간의 삶과 건강에 대해 **연구한 결과** 어린 시절에 사랑을 받은 경험이 성격에 큰 영향을 미치는 것으로 밝혀졌다.

연습 1 보기 와 같이 다음을 연결하십시오.

보기	오랫동안 치료를 받아 오다	병을 완치할 수 있다

➔ 오랫동안 치료를 받아 온 결과 병을 완치할 수 있었다.

1)	1인당 커피 소비량이 늘어나다	일회용품의 사용이 증가하다
2)	관련 분야의 경력을 꾸준히 쌓다	원하는 직장으로 옮길 수 있게 되다
3)	세계적으로 한국이 널리 알려지다	한국어에 대한 관심도 높아지다
4)	반려동물을 키우는 사람들이 증가하다	관련 분야의 직업도 다양해지다
5)	영국에서 교실 내 휴대폰 사용을 금지하다	학생들의 성적이 6.4% 상승하다

연습 2 알맞은 것을 골라 문장을 완성하십시오.

분석하다	비교하다	실험하다	조사하다

1) 취업 정보 회사에서 유망한 직업에 대해 ______________ 금융 관련 직업이 1위로 선정되었다.

2) 미국의 한 대학교에서 동물을 대상으로 ______________ 기억력이 가장 좋은 동물은 돌고래로 나타났다.

3) 마트와 전통 시장의 명절 상차림 가격을 ______________ 시장이 마트보다 20% 저렴한 것으로 나타났다.

4) 화장품 소비에 대한 10대 소비자들의 응답을 ______________ 입소문을 통해 화장품을 구입한다는 응답이 가장 많았다.

연습 3 대화를 완성하십시오.

1) 가: 박사님께서 실시하신 미술 치료가 우울증에 효과가 있었습니까?

나: 네. ________________ 환자들의 굳어 있던 표정이 밝아지고 증세가 나아진 것으로 나타났습니다.

2) 가: 뉴질랜드에서 주 4일 근무제를 도입했다고 하는데 그 효과는 어떤가요?

나: ________________ 직원들의 스트레스 수준이 크게 낮아졌다고 합니다.

3) 가: 고속도로 사고 현장의 김 기자 연결하겠습니다. 교통사고의 원인은 밝혀졌나요?

나: 네. ________________ 졸음운전으로 인해 사고가 난 것으로 밝혀졌습니다.

4) 가: 최근 인삼으로 만든 화장품이 인기를 끌고 있는데 사용해 본 사람들의 반응은 어떻습니까?

나: ________________ 긍정적 반응이 70% 이상을 차지했습니다.
이 중 피부색이 밝아졌다는 의견이 가장 많았습니다.

5) 가: 다음으로 외국인 유학생들이 좋아하는 간식에 대한 발표를 들어 보겠습니다.

나: 경희대학교 유학생 100명을 대상으로 ________________
전체 응답자의 27.4%가 떡볶이라고 답했습니다.

활동 신문 기사를 보고 보기 와 같이 이야기해 보십시오.

Vol. 02 **경희일보** KYUNG HEE UNIVERSITY

한국대 암센터 연구 팀, 세계 최초로 암 치료법 개발

지난 11일 한국대 암센터 연구 팀이 암 치료법을 개발했다고 밝혔다. 10여 년에 걸쳐 다양하게 암에 대해 연구한 결과 주변 세포에 영향을 주지 않고 암세포만을 없앨 수 있는 획기적인 치료법 개발에 성공했다고 전했다.

진행자의 질문
1. 치료법 개발 기간
2. 새로운 치료법의 특징

보기 진행자: 오늘은 세계 최초로 암 치료법 개발에 성공하신 김윤성 교수님을 모시고 이야기를 나누어 보겠습니다. 교수님, 개발에 성공하기까지 기간이 얼마나 걸렸나요?

교 수: 이 치료법 개발에 성공하기까지 십 년 정도 걸렸습니다.

진행자: 새로운 치료법의 특징은 무엇입니까?

교 수: 우리 팀에서 연구한 결과 이 치료법은 주변 세포에는 영향을 주지 않고 암세포만을 없앨 수 있다는 것이 밝혀졌습니다.

Vol. 02 **경희일보** KYUNG HEE UNIVERSITY

뺑소니 음주 운전자, 7일 만에 체포

지난 5일 서울 동대문구에서 밤 11시에 경찰의 음주 단속을 피해 달아나던 이 모 씨가 횡단보도를 건너던 행인을 차로 치고 달아나는 사건이 발생했다. 경찰은 수백 대의 CCTV를 확인해서 일주일 만에 범인을 잡았다고 밝혔다.

진행자의 질문
1. 사건 발생 일시
2. 범인을 잡은 방법

48 동사 아야지/어야지

48-1

루카스　장민, 아까 일곱 시 약속이라고 하지 않았어? 여기서 명동까지 가는 데 한 시간은 걸리던데.

장민　지하철 타면 금방 가. 이번 게임만 하고 출발하려고.

루카스　벌써 여섯 시 반인데 **서둘러야지** 안 그러면 늦을 거야.

'동사 아야지/어야지'는 당연히 그래야 하는데 그러지 않음을 나타낼 때 사용한다. 주로 조언이나 충고를 할 때 쓴다.

- 가: 오늘 바빠서 하루 종일 아무것도 못 먹었어요.
  나: 아무리 바빠도 밥은 잘 챙겨 **먹어야지** 안 먹으면 어떻게 해요?

- 가: 이 냉장고 디자인이 예쁘다. 이걸로 할까?
  나: 가전제품은 성능이 **좋아야지** 디자인만 보고 고르면 안 돼요.

- 가: 요즘 며칠 동안 계속 운동을 했더니 온몸이 다 아프네요.
  나: 운동은 평소에 꾸준히 **해야지** 갑자기 무리하면 안 됩니다.

- 가: 전에 헤어진 여자 친구가 서울 타워에 가 보고 싶어 했는데.
  나: 여자 친구랑 헤어지기 전에 **잘해 줬어야지** 이제 와서 후회하면 뭐 해?

연습 1 보기 와 같이 다음을 연결하십시오.

보기 다른 사람의 의견도 들을 줄 알다 — 왜 본인만 옳다고 생각하세요?

→ 다른 사람의 의견도 들을 줄 알아야지 왜 본인만 옳다고 생각하세요?

1)	영화는 내용이 좋다	출연 배우가 유명하다고 해서 흥행하는 건 아니야.
2)	건강은 건강할 때 지키다	나중에 후회해도 소용없어요.
3)	좋은 기회가 왔을 때 잡다	놓치면 후회할 거야.
4)	다른 사람의 부탁을 거절할 줄도 알다	그렇게 다 들어주면 안 돼.
5)	혼자 해결하기 힘든 문제가 있으면 말을 하다	왜 혼자서 힘들어해?

연습 2 알맞은 것을 골라 대화를 완성하십시오.

끝까지 노력하다 　 돈을 아껴 쓰다 　 미리 알려 주다 　 일을 다 끝내다

1) 가: 지금까지 만든 작품이 마음에 안 들어서 이번 공모전은 포기할까 해요.

나: 아무리 힘들어도 ______________ 포기하면 안 돼요.

2) 가: 내일부터 백화점 세일이라고 하던데 쇼핑하러 갈래?

나: ______________ 그렇게 쓰다가는 이번 달에도 생활비가 부족할 거야.

3) 가: 레아야, 미안해. 급한 일이 생겨서 약속 날짜를 바꿔야 할 것 같아.

나: 일정을 바꾸려면 ______________ 이렇게 갑자기 이야기하면 어떻게 해?

4) 가: 프로젝트 보고서 마감이 다음 주니까 다음 주 월요일에 시작해도 되겠지?

나: 이번 주에 ______________ 미루면 어떻게 해? 부장님께서 다음 주에 할 일이 많다고 하셨잖아.

연습 3 보기 와 같이 이야기해 보십시오.

보기

다이어트를 한다고 하면서 매일 밤 야식을 먹는 친구에게

다이어트를 하려면 야식을 먹지 말아야지 그렇게 계속 야식을 먹으면 다이어트에 실패할 거야.

1) 시험에 합격하고 싶어 하면서 공부를 하지 않는 친구에게

____

____

2) 돈을 모아 여행을 간다고 하면서 돈을 함부로 쓰는 사람에게

____

____

3) 건강을 유지하고 싶어 하면서 계속 술을 마시는 친구에게

____

____

4) 좋은 집을 구하고 싶어 하면서 인터넷 사진만 보고 계약하려는 사람에게

____

____

활동 보기 와 같이 이야기해 보십시오.

주제 동물 실험

의견
저는 동물 실험에 찬성합니다. 동물 실험을 통해 이론만으로 예상할 수 없는 다양한 부작용을 확인하여 많은 사람들의 생명을 살릴 수 있기 때문입니다.

반박 근거
동물도 사람과 같은 소중한 생명이다. 그렇기 때문에 모든 생명을 똑같이 소중하게 생각해야 한다. 동물이라고 해서 함부로 대하면 안 된다.

보기 **저는 그 의견에 동의하지 않습니다. 동물도 사람과 같은 소중한 생명입니다. 그렇기 때문에 모든 생명을 똑같이 소중하게 생각해야지 동물이라고 해서 함부로 대하면 안 됩니다.**

1 공공장소에서 방송 촬영

의견
저는 공공장소에서 촬영하는 것에 대해 찬성합니다. 공공장소에서 촬영을 하면 자연스러운 모습을 카메라에 담을 수 있기 때문입니다.

반박 근거
공공장소에서 촬영하는 것은 다른 사람을 배려하지 않는 행동이다. 그렇기 때문에 촬영하기 전에 모든 사람에게 허락을 받아야 한다. 그러지 않으면 다른 사람에게 불쾌감을 줄 수 있다.

1 수업 중 스마트폰 사용

의견
저는 수업 중 스마트폰 사용에 찬성합니다. 스마트폰을 사용하면 수업 중 잘 모르는 단어를 빠르게 찾을 수 있어서 공부하는 데 도움이 되기 때문입니다.

반박 근거
____

____

49 동사 (는/ㄴ)다고

49-1

한나　나츠미, 뭘 그렇게 열심히 검색하고 있어?

나츠미　무선 이어폰을 사려고 알아보는 중이야.

한나　나도 요즘 그거 쓰는 사람 많이 봤는데 그거 좋대?

나츠미　응. 요즘 사람들이 이게 **편하다고** 많이 쓰더라. 그래서 나도 하나 사려고.

'동사(는/ㄴ)다고'는 어떤 상황이나 동작의 이유를 나타낼 때 사용한다.

- 가: 첸 씨는 벌써 퇴근했어요?
  나: 네. 오늘 가족들이 한국에 **온다고** 공항에 갔어요.
- 가: 방금 장민이랑 통화한 거야? 왜 연락했대?
  나: 이번에 새로 개봉한 영화가 **재미있다고** 같이 보러 가재.
- 아이가 장난감을 사 **주지 않는다고** 서럽게 울었다.
- 직원은 내가 찾는 물건이 **품절됐다고** 다른 제품을 추천해 줬다.

'동작동사 는다고/ㄴ다고'는 어떤 동작의 목적이나 의도를 나타낼 때 사용한다.

- 가: 이반이 교통사고가 나서 병원에 입원했다면서?
  나: 응. 길을 **찾는다고** 지도를 보다가 지나가는 차에 부딪혔대.
- 한나가 노트북이 고장 나서 수리를 **맡긴다고** 서비스 센터에 갔다가 우연히 장민을 만났다.

연습 1 보기 와 같이 다음을 연결하십시오.

보기

지아 씨가 전공 책이 필요하다	책을 사러 가다

➔ 지아 씨가 전공 책이 필요하다고 책을 사러 갔어요.

1)	레아 씨가 속이 안 좋다	점심을 굶다
2)	형은 일이 적성에 맞지 않다	회사를 그만두다
3)	친구가 얼마 전에 이사를 했다	집 구경하러 오라고 하다
4)	첸 씨가 필요한 서류가 안 보이다	서랍을 다 뒤지다
5)	사장님께서 요즘 장사가 잘 안되다	한숨을 쉬시다

연습 2 보기 와 같이 문장을 완성하십시오.

보기

장민 씨가 여자 친구에게 준다고 선물을 샀대요.

1)

나츠미가 ____________

____________ 여기저기 돌아다녔대.

2)

한나가 ____________

____________ 대사관에 갔어.

3)

루카스 씨가 ____________

____________ 정장을 샀어요.

4)

타냐 씨가 ____________

____________ 작년부터 적금을 붓고 있대요.

연습 3 대화를 완성하십시오.

1) 가: 이반 씨는 벌써 집에 갔어요?

나: 네. ______________________ 수업이 끝나자마자 교실에서 나가더라고요.

2) 가: 장민이 배탈이 났다고 하던데 어쩌다 그랬대?

나: ______________________ 급하게 먹다가 배탈이 났대.

3) 가: 상진 씨, 김 대리가 자리에 없네요. 외근 나갔어요?

나: 네. ______________________ 거래처에 가 있어요.

4) 가: 우리 지난 학기처럼 준서한테도 수업 같이 듣자고 할까?

나: 준서는 같이 못 들을 것 같은데. ______________________ 휴학을 한대.

5) 가: 루카스 씨, ______________________ 꽃을 사 가더니 왜 다시 가져왔어요?

나: 제가 늦게 가서 이미 졸업식이 끝나 버렸더라고요. 그래서 친구를 못 만났어요.

활동 보기 와 같이 친구와 이야기해 보십시오.

장민이 한 말	그 말을 하고 나서 한 행동
• 돈을 찾다 • 이 건물에 있는 ATM이 고장 났다	• 청운관에 가다 • 거기에서 돈을 찾다

보기
가: 이반, 장민이 어디에 갔는지 알아?
나: 응. 아까 돈을 찾는다고 청운관에 갔어.
가: 여기에도 ATM이 있는데 왜 거기까지 갔어?
나: 이 건물에 있는 ATM이 고장 났다고 거기에서 돈을 찾는대.

1

룸메이트가 한 말	그 말을 하고 나서 한 행동
• 두꺼운 외투를 사다 • 동대문 시장에 자주 가는 옷 가게가 있다	• 동대문에 가다 • 거기에 가다

2

나츠미가 한 말	그 말을 하고 나서 한 행동
• 요리 수업을 듣다 • 학교 문화 수업 신청이 마감됐다	• 문화 센터에 가다 • 문화 센터에서 배우다

50 동사 (으)ㄴ/는 셈이다

50-1

상진 타냐 씨, 야유회 잘 다녀왔어요?

타냐 네. 오랜만에 야외로 나가니까 기분 전환도 되고 좋더라고요.

상진 저도 출장만 아니면 갔을 텐데 아쉽네요. 사람들은 많이 왔어요?

타냐 네. 지방 출장으로 참석하지 못한 상진 씨랑 김 대리님 빼고 모두 왔으니까 거의 다 **온 셈이에요.**

'동사(으)ㄴ/는 셈이다'는 앞의 내용을 바탕으로 계산해서 생각해 보면 결국 거의 그렇다고 볼 수 있음을 나타낼 때 사용한다.

- 가: 준서 씨는 라면 자주 드세요?
  나: 아니요. 일 년에 한두 번 정도 먹으니까 거의 **안 먹는 셈이에요.**

- 가: 여기 커피값 너무 비싸지 않아?
  나: 커피값은 비싸지만 여긴 케이크도 주잖아. 그러니까 다른 가게보다 **싼 셈이지.**

- 가: 요가가 살을 빼는 데 정말 효과가 있었나요?
  나: 네. 두 달 동안 꾸준히 해서 2kg이 빠졌으니까 어느 정도 효과를 **본 셈이에요.**

- 2008년에 0.8%였던 스마트폰 보급률이 최근 79%를 넘어섰으니 100배 가까이 **증가한 셈이다.**

- 가족과 떨어져 유학 생활을 하고 있는 나에게 룸메이트는 친구이며 **가족인 셈이다.**

연습 1 알맞은 것을 골라 문장을 완성하십시오.

고향이다	시청하다	지나가다	자녀가 없다	현금을 받다

1) 오늘이 크리스마스다. 올해도 일주일 정도밖에 남지 않았다.

   ➤ 이제 올해도 다 ______________________.

2) 작년에 방영된 24부작 드라마 '바람의 나라'의 마지막 회 시청률은 44.7%였다고 한다.

   ➤ 한국 사람 10명 중 네다섯 명은 그 드라마를 ______________________.

3) 나는 올해 서른 살이다. 네 살 때 부모님을 따라 서울로 이사 와서 지금껏 서울에 살고 있다.

   ➤ 나에게는 서울이 ______________________.

4) 통계청의 발표에 따르면 최근 5년간 혼인 신고한 신혼부부 중 36.3%는 자녀를 낳지 않았다고 한다.

   ➤ 최근 5년간 혼인 신고한 신혼부부 10쌍 중 4쌍은 ______________________.

5) 전국에 있는 S커피숍의 1200개 매장 중에서 403개의 매장은 '현금 없는 매장'이라고 한다.

   ➤ S커피숍 매장 세 곳 중 한 곳에서는 ______________________.

연습 2 보기 와 같이 문장을 완성하십시오.

보기

올해 초부터 12월까지 한국어를 배웠으니까 1년 정도 배운 셈이에요.

1)

피자를 시켜서 내가 7조각을 먹었으니 피자 한 판을 혼자 다 ______________.

2)

외식을 한 달에 한두 번 하니까 ______________.

3)

시험 문제 50개 중에 2개밖에 안 틀렸으니까 거의 다 ______________.

4)

이 청바지는 원래 30만 원인데 깜짝 할인 행사 때 2만 원에 샀으니까 ______________.

연습 3 대화를 완성하십시오.

1) 가: 김 선생님, 학생들이 이번 졸업 여행을 많이 가나요?

나: 우리 학교 학생 97%가 가니까 ______________.

2) 가: 상진 씨, 아직 할 일이 많이 남았으면 제가 좀 도와줄까요?

나: 괜찮아요. 정리한 자료를 이메일로 보내기만 하면 되니까 ______________.

3) 가: 이 가격표 좀 봐. 지난달에는 2000원이었는데 물가가 많이 올랐어.

나: 그러게. 2000원이었던 게 지금 3900원이니까 ______________.

4) 가: 지하철 노선 연장으로 출근 시간 이용객들이 얼마나 증가했습니까?

나: 이용객 수가 11만 2천 명에서 14만 명으로 늘었으니 ______________.

활동 자료를 보고 **보기** 와 같이 이야기해 보십시오.

한국인들이 선호하는 차량 색

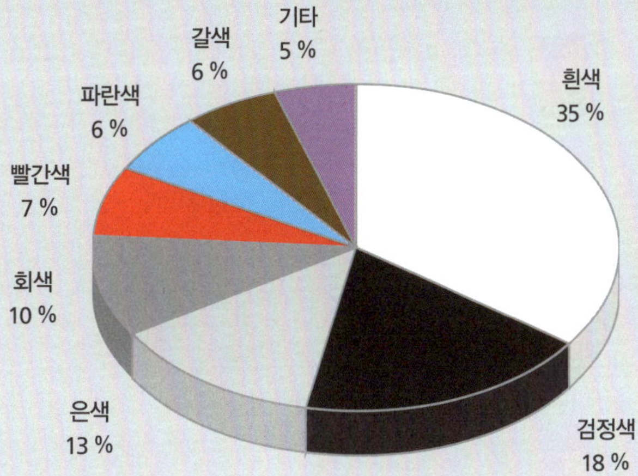

보기

한국인들이 좋아하는 자동차 색에 대해 조사한 결과 한국 사람들은 흰색 차를 가장 좋아하는 것으로 나타났습니다. 흰색 차를 좋아하는 사람이 전체의 35%를 차지했으므로 한국인 열 명 중 서너 명은 흰색 차를 좋아하는 셈입니다.

반면에 갈색, 파란색 차를 좋아한다고 응답한 사람은 각각 6%로 나타났습니다. 따라서 흰색 차를 좋아하는 사람이 갈색이나 파란색 차를 좋아하는 사람에 비해 6배 가까이 많은 셈입니다.

각 단과대학 취업률

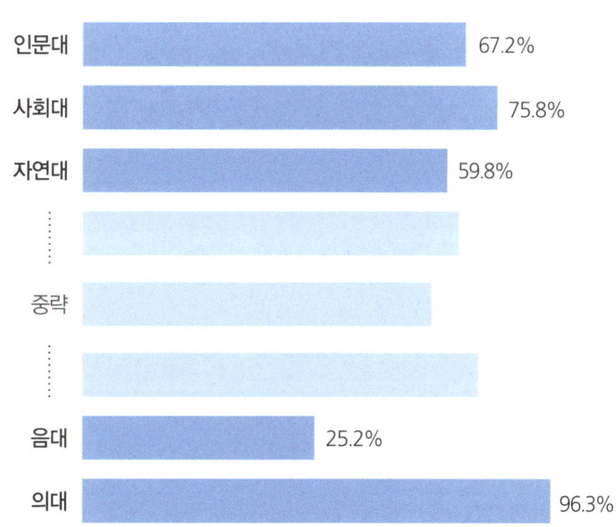

부록

듣기 지문
모범 답안
문법 색인
활 동 지

34 명사 에 따르면

34-2

연습3 다음을 듣고 문장을 완성하십시오.

1) 아나운서: 스마트폰과 관련된 재미있는 연구 결과 하나 소개해 드리겠습니다. 한 대학에서 학생들을 대상으로 스마트폰이 집중력에 어떤 영향을 미치는지 실험했다고 하는데요. 실험 결과 스마트폰을 가까이에 둘수록 학생들의 집중력이 떨어졌다고 합니다.

2) 아나운서: 최근 1인 가구의 증가로 혼자 밥을 먹는 사람들이 많아지고 있는데요. 통계청에서 발표한 이 자료를 보면 2015년부터 도시락 판매가 계속 증가하는 것을 볼 수 있습니다. 이는 혼자 사는 사람의 경우 간단히 먹는 것을 선호하기 때문인 것으로 보입니다.

모범 답안

1 동사 (으)ㄴ/는 대로

연습1 1) 아이가 원하는 대로 어린이날에 놀이공원에 가기로 했어요.
2) 요리책에 쓰여 있는 대로 재료를 수량만큼 준비했어요.
3) 친구들과 준비한 대로 최선을 다해 발표했어요.
4) 담당 의사가 말한 대로 건강을 위해 식사를 채식으로 바꿨어요.
5) 현지 학습에 대해 들은 대로 학교에 오지 못한 친구에게 말해 줬어요.

연습2 1) 순서대로
2) 예정대로
3) 약속대로
4) 사실대로

연습3 1) 시키는 대로
2) 생각나는 대로
3) 부탁하신 대로
4) 정해진 대로

2 동사 (는/ㄴ)다니(요)?

연습1 1) 서로 연락도 안 한다니요?
2) 별로 없다니?
3) 할머니께서 병원에 입원하셨다니요?
4) 처음 보는 옷이라니요?

연습2 1) 제가 먼저 사과하라니요?
2) 어디 갔다 왔냐니?
3) 불꽃놀이 보러 여의도에 가자니?
4) 집을 비워 둬도 전기 요금을 내라니요?

연습3 1) 한나랑 사귄다니? 한나는 남자 친구 있는데.
2) 어제 머리 염색했냐니요? 염색한 지 일주일이 넘었는데요.
3) 내일까지 오라니요? 우리 모레 보기로 했잖아요.
4) 부산으로 여행 가자니? 다음 주가 시험인데.

3 동작동사 다(가) 보다

연습1 1) 10년 동안 수영을 하다가 보니까 체력이 좋아졌어요.
2) 가족과 오랫동안 떨어져 지내다가 보니까 혼자 사는 것에 익숙해졌어요.
3) 계획을 세워 필요한 물건을 사다가 보니까 생활비를 절약할 수 있게 됐어요.
4) 고향 마을을 여기저기 돌아다니다가 보니까 어릴 때 함께 놀던 친구들이 생각났어요.
5) 일 때문에 바쁘다가 보니까 전화하기로 한 약속을 잊어버렸어요.

연습2 2) 직장 생활을 하다 보면
3) 옛날이야기를 듣다 보면
4) 사람이 많다 보면
5) 음식 사진을 보다 보면

연습3 1) 시간 가는 줄 몰랐어요
2) 실수가 많더라고요
3) 많은 것을 배우게 될 거예요
4) 힘들 때도 있어요

4 동사 더라도

연습1 1) 그 일은 누가 하더라도 김 팀장님처럼 완벽하게 처리할 수 없을 거예요.
2) 오늘 밤을 새우더라도 보고서를 완성하지 못할 거예요.
3) 1%의 가능성밖에 없더라도 제 꿈을 위한 도전을 멈추지 않겠습니다.
4) 자동차가 오래돼서 수리를 맡기더라도 얼마 되지 않아 또 고장 날 것 같아요.
5) 사람들에게 제 실력을 인정받지 못하더라도 끝까지 최선을 다하겠습니다.

연습2 1) 울리더라도
2) 보관하더라도
3) 패하더라도
4) 남기더라도

모범 답안

연습3 1) 강아지가 귀엽더라도 함부로 만지면 안 돼.
2) 다음 주로 미뤄지더라도 결과는 비슷할 거야.
3) 늦더라도 빨리 가요. 우리를 기다리고 있을 거예요.
4) 비싸더라도 한번 가서 먹어 보자.

연습4 2) 네 생각과 다르더라도 이해하려고 노력해.
3) 거절하는 게 미안하더라도 해야 돼.

5 동작동사 도록

연습1 1) 바람이 잘 통하도록 창문을 열어 두십시오.
2) 음식이 상하지 않도록 남은 것은 냉장고에 보관하십시오.
3) 쓰레기를 줄일 수 있도록 일회용품 사용을 자제하십시오.
4) 학생들이 쉽게 이해하도록 자세히 설명해 주십시오.
5) 수업에 방해가 되지 않도록 휴대폰은 무음으로 해 놓으십시오.

연습2 2) 배가 터지도록
3) 목이 터지도록
4) 눈이 빠지도록
5) 발바닥에 불이 나도록

연습3 1) 잘 보이도록
2) 12시가 넘도록
3) 밤새도록
4) 빠뜨리지 않도록
5) 독감에 걸리지 않도록

연습4
- 대출한 도서는 다른 사람도 이용할 수 있도록 정해진 기간 안에 반납해 주시기 바랍니다.
- 쾌적한 환경이 유지될 수 있도록 음식물은 밖에서 섭취해 주시기 바랍니다.
- 다른 손님들도 즐거운 식사 시간이 될 수 있도록 배려해 주시기 바랍니다.
- 쾌적한 환경이 유지될 수 있도록 담배는 밖에서 피우시기 바랍니다.
- 심장에 무리가 가지 않도록 준비 운동 후 물에 들어가시기 바랍니다.
- 물이 오염되지 않도록 물에 들어갈 때에는 반드시 수영모를 착용하시기 바랍니다.
- 안전한 운행이 될 수 있도록 비행기 안에서는 전자기기 사용을 자제해 주시기 바랍니다.
- 다른 승객들이 불편해하지 않도록 비행기 안에서는 승무원의 지시를 따라 주시기 바랍니다.

6 동작동사 (으)ㄹ 겸

연습1 1) 잠도 깰 겸 간식도 살 겸 해서 매점에 갔어요.
2) 선물도 살 겸 얼마 전에 산 신발도 바꿀 겸 해서 백화점에 다녀왔어요.
3) 식비도 아낄 겸 식사 시간도 줄일 겸 해서 도시락을 싸 가지고 다녀요.
4) 사람들도 사귈 겸 정보도 얻을 겸 여행 동호회에 가입했어요.
5) 발표 자료도 찾을 겸 빌린 책도 반납할 겸 해서 도서관에 가려고 해요.

연습2 2) 서랍장 겸 화장대
3) 사무실 겸 작업실
4) 소설가 겸 방송 작가

연습3 1) 한국 여행도 할 겸 해서
2) 바람도 쐴 겸
3) 친구들에게 요즘 소식도 전할 겸 해서
4) 스트레스도 풀 겸

연습4 1) 장도 볼 겸 구경도 할 겸 해서 마트에 다녀왔어요.
2) 목욕도 할 겸 피로도 풀 겸 찜질방에 갈까요?
3) 바람도 쐴 겸 스트레스도 풀 겸 여행을 떠날까 해요.
4) 기분 전환도 할 겸 스타일도 바꿀 겸 해서 염색을 했어요.

모범 답안

7 동사 (으)ㄹ수록

연습1 1) 일교차가 심할수록 감기에 걸리기 쉬워요.
2) 함께 힘든 일을 겪을수록 서로에 대한 믿음이 커져요.
3) 드라마의 시청률이 올라갈수록 그 드라마에 나온 제품의 판매도 늘고 있어요.
4) 행사에 참석하는 사람이 많을수록 준비해야 할 것도 많아요.
5) 해결하기 어려운 문제일수록 차분히 생각할 필요가 있어요.

연습2 1) 건강에 신경을 써야 해요
2) 실망도 커요
3) 생활이 편리해져요
4) 배우는 것이 많아져요

연습3 1) 연령대가 낮을수록 삶의 만족도가 높은 것으로 나타났습니다.
2) 집이 지하철역과 가까울수록 월세가 비싼 것으로 나타났습니다.
3) 시간대가 늦을수록 미세 먼지의 양이 많아지는 것으로 나타났습니다.
4) 기온이 높을수록 아이스크림 판매량이 증가하는 것으로 나타났습니다.

활동 달리면 달릴수록
쓰면 쓸수록
많으면 많을수록
아끼면 아낄수록

8 동사 (으)ㄹ 줄 알았다/몰랐다

연습1 1) 배탈이 날 줄 알았어요
2) 헤어질 줄 알았어요
3) 메달을 딸 줄 알았어요
4) 시험을 망칠 줄 알았어요
5) 성공할 줄 알았어요

연습2 1) 문자 메시지를 보고 친구가 금방 도착할 줄 알았어요. 친구가 이렇게 늦게 올 줄 몰랐어요.
2) 부동산 광고를 보고 방이 넓을 줄 알았어요. 방이 이렇게 좁을 줄 몰랐어요.
3) 평일 낮이라서 길이 안 막힐 줄 알았어요. 길이 이렇게 많이 막힐 줄 몰랐어요.
4) 가방을 메고 도서관에 들어가는 사람이 학생일 줄 알았어요. 그 사람이 선생님일 줄 몰랐어요.

연습3 1) 안 어울릴 줄 알았는데
2) 만날 줄 몰랐는데
3) 합격할 줄 알았는데
4) 이렇게 매울 줄 모르고
5) 이럴 줄 알았어

9 동사 (으)며

연습1 1) 토마토는 비타민이 풍부하며 칼로리가 낮아 다이어트와 피부 미용에 좋습니다.
2) 서울시 공공 자전거는 이용 방법이 쉬우며 저렴해서 이용자가 증가하고 있습니다.
3) 이 영화는 지난달 중순부터 촬영이 시작되었으며 내년 초에 개봉할 예정이라고 합니다.
4) 제주도에서는 아름다운 자연 풍경을 감상할 수 있으며 다양한 해양 스포츠도 저렴하게 즐길 수 있습니다.
5) 이 지하철 노선 안내 앱은 무료이며 회원 가입이 필요 없습니다.

연습2 1) 선수들이 손을 흔들며 입장하고 있습니다.
2) 축구 선수들이 땀을 흘리며 훈련하고 있습니다.
3) 자이툰이 주위를 두리번거리며 길을 찾고 있습니다.
4) 한나가 눈물을 흘리며 소감을 말하고 있습니다.

연습3 1) 음악을 들으며 공부를 하는
2) 24시간 이용할 수 있으며 다양한 상품이 있어서
3) 직원들이 친절하며 관광지에서 가까워서
4) 비용이 많이 들지 않으며 새로운 문화를 경험할 수 있다는
5) 좋아하는 드라마를 보며 배달 음식을 시켜 먹는다

모범 답안

활동 평일은 10시부터 6시이며 주말과 공휴일은 10시부터 7시까지이다. 전시관은 상설 전시관과 어린이 박물관이 있고 관람료는 무료이다. 이 박물관에서는 무료로 다운로드 가능한 스마트폰 전시 안내 앱 서비스를 제공하고 있으며 외국인을 위한 전시 해설도 진행하고 있다.

10 동작동사 다가는

연습1 1) 무리하게 운동을 하다가는 쓰러질 수도 있어요.
2) 매일 그렇게 과음하다가는 건강이 나빠질 거예요.
3) 그렇게 자꾸 거짓말하다가는 주위 사람들에게 신뢰를 잃을 거예요.
4) 이렇게 물건을 함부로 쓰다가는 금방 고장이 날 거예요.
5) 수업 시간에 그렇게 집중하지 않다가는 중요한 내용을 놓칠 수도 있어요.

연습2 1) 주차했다가는
2) 만졌다가는
3) 찍었다가는
4) 나갔다가는

연습3 1) 그렇게 휴대폰만 보고 걷다가는 사고가 날 거예요.
2) 다른 사람의 답안지를 봤다가는 0점을 맞을 거예요.
3) 어두운 곳에서 계속 텔레비전을 보다가는 눈이 나빠질 거예요.
4) 그렇게 밤낮없이 일만 하다가는 건강이 나빠질 거예요.

11 동사 (으)ㄴ데도/는데도

연습1 1) 파도가 세게 치는데도 형은 바다로 낚시를 하러 나간다.
2) 첸은 스노보드를 처음 타는데도 넘어지지 않고 잘 탄다.
3) 환경 오염 문제가 심각한데도 정부에서는 적절한 대책을 세우지 못하고 있다.
4) 그 선수는 지난 경기 때 다쳐서 다리가 아픈데도 결승전에 나가겠다고 한다.
5) 오늘은 평일인데도 연말이라서 그런지 거리에 사람이 많다.

연습2 1) 잘못한 게 없는데도
2) 빨래를 했는데도
3) 신입 사원인데도
4) 연기력이 부족한데도

연습3 1) 생각이 깊어요
2) 별로 긴장을 하지 않아요
3) 아직도 사람들에게 사랑을 받고 있어요
4) 사는 사람들이 많아요

12 사동

연습1 1) 울려요
2) 깨워요
3) 붙여요
4) 줄여요
5) 씌워요
6) 먹여요
7) 감겨요
8) 씻겨요

연습2 1) 눕혀요
2) 채우려면
3) 벗긴
4) 알리지
5) 죽이지
6) 낮추고
7) 숨기는
8) 비워
9) 좁히기가
10) 앉혀

연습3 1) 맡겼는데
2) 익혀서
3) 줄여
4) 돌릴
5) 붙여
6) 재우세요

모범 답안

연습4 1) 놀라게 했다
2) 시원하게 해
3) 따뜻하게 해
4) 들어오지 못하게 했다

13 동작동사 아/어 버리다

연습1 2) 사랑니 때문에 음식을 씹을 때마다 이가 아파서 얼른 뽑아 버렸어요.
3) 저녁에 공연을 보기로 했는데 몸살 기운이 있어서 약속을 취소해 버렸어요.
4) 해외여행을 고민하는 중에 저렴한 항공권이 나와서 비행기표를 끊어 버렸어요.

연습2 1) 단풍잎이 다 떨어져 버렸어요
2) 모자가 날아가 버렸어요
3) 컵을 떨어뜨려 버렸어요
4) 생선을 다 태워 버렸어요

연습3 1) 바꿔 버렸어요
2) 치워 버렸어요
3) 들켜 버렸어요
4) 감아 버렸거든
5) 써 버려서

14 동작동사 (으)ㄴ/는 김에

연습1 1) 해외 출장을 가는 김에 며칠 휴가를 내서 여행을 하려고요.
2) 겨울옷을 정리하는 김에 오래된 옷을 정리해서 버리려고요.
3) 나츠미와 영화를 보는 김에 저녁도 같이 먹으려고요.
4) 자동차 수리를 맡긴 김에 타이어도 교체하려고요.
5) 책을 반납하러 도서관에 온 김에 발표 자료도 찾아보려고요.

연습2 2) 깎아 주는 김에 조금만 더 깎아 주세요
3) 야근하는 김에 조금 더 하고 갈게요
4) 도와주는 김에 조금 더 도와줄게
5) 걷는 김에 조금만 더 걸어가자

연습3 1) 상의드릴 게 있어서 왔는데 온 김에 너랑 같이 밥 먹으려고.
2) 나가는 김에 저 커피 한 잔만 사다 주시면 안 될까요?
3) 주문하는 김에 다른 수업 책도 같이 주문할까?
4) 생각난 김에 친구들한테 연락해 보자.

15 동작동사 (으)ㄹ 뻔하다

연습1 1) 떨어뜨릴 뻔했다
2) 늦을 뻔했어요
3) 밟을 뻔했다
4) 들킬 뻔했다
5) 치일 뻔했다

연습2 2) 소리를 지를 뻔했다
3) 주저앉을 뻔했다
4) 토할 뻔했다

연습3 1) 잊어버릴 뻔했어
2) 지나칠 뻔했네
3) 불이 날 뻔했어요
4) 큰일 날 뻔했네요

16 동사 든(지)

연습1 1) 그럼 AS를 받든지 새로 사든지 해야겠네.
2) 그럼 요리 영상을 보고 따라 하든지 요리 학원에 다니든지 해 봐.
3) 그럼 다른 매장에 가 보든지 인터넷으로 찾아보든지 할까요?
4) 그럼 선배들에게 물어보든지 진로 상담을 받아 보든지 해 봐.

연습2 1) 길든지 짧든지
2) 많든지 적든지
3) 버스를 타든지 걸어가든지
4) 가든지 말든지

연습3 1) 가든지
2) 맡기든지

3) 전화하든지
4) 만들든지

연습4 1) 파마를 하든지 염색을 하든지 해 봐.
2) 그럼 인터넷 강의를 듣든지 혼자 책을 사서 공부하든지 해.
3) 네. 비가 오든지 안 오든지 행사는 예정대로 진행됩니다.
4) 아니요. 현금으로 계산하든지 카드로 계산하든지 가격은 같아요.

17 동사 (으)ㄹ 텐데

연습1 1) 비가 와서 저녁에 쌀쌀할 텐데 나갈 때 겉옷을 챙기세요.
2) 빨리 먹지 않으면 찌개가 식을 텐데 따뜻할 때 얼른 먹어.
3) 주말에 전시회에 가면 복잡할 텐데 평일 저녁에 가는 게 어때요?
4) 그렇게 천천히 준비하다가는 수업에 늦을 텐데 빨리 준비하고 나가자.
5) 신경 쓸 일도 많을 텐데 이렇게 도와줘서 고마워.

연습2 1) 지루할 텐데
2) 도착했을 텐데
3) 끝났을 텐데
4) 클 텐데

연습3 1) 라면을 먹으면 내일 얼굴이 부을 텐데 과일을 먹는 게 어때?
2) 길이 막힐 텐데 약속 시간을 조금 늦출까요?
3) 피곤할 텐데 얼른 끝내고 집에 가서 쉬세요.
4) 정말 속상할 텐데 이따가 연락해 봐야겠다.

18 아무 명사 (이)나

연습1 1) 아무거나
2) 아무 데나
3) 아무 때나
4) 아무나

연습2 1) 아무 때나
2) 아무나
3) 아무 데나
4) 아무거나

연습3 1) 아무 음식이나
2) 아무 옷이나
3) 아무 약이나
4) 아무 종이나

연습4 1) 아무거나
2) 아무나
3) 아무 때나
4) 아무 데서나
5) 아무하고나

19 동사 기/게 마련이다

연습1 2) 정들기 마련이다
3) 집 생각이 나게 마련이다
4) 서투르기 마련이다
5) 단점이 있기 마련이다

연습2 1) 피곤하기 마련이에요
2) 언젠가 성공하기 마련이에요
3) 서로 편해지기 마련이에요
4) 실수하기 마련이에요

연습3 1) 진로에 대한 고민이 많아지게 마련이잖아요
2) 들키기 마련이니까
3) 당황하기 마련이잖아요
4) 체력이 떨어지기 마련이니까
5) 후회하기 마련이에요

활동 1. 나도 처음에는 그랬어. 그런데 무슨 일이든지 시간이 지나면 익숙해지기 마련이잖아. 너무 걱정하지 마.
2. 열심히 하다가 보면 실력이 늘게 마련이잖아. 넌 잘할 수 있을 거야.

모범 답안

20 동사(으)므로

연습1 1) 음료가 매우 뜨거우므로 드실 때 조심하시기 바랍니다.
2) 이 제품은 깨지기 쉬우므로 주의해 주십시오.
3) 출석률도 성적에 반영되므로 시험은 물론 출석 관리에도 신경 써야 합니다.
4) 내일 오전부터 많은 양의 비가 예상되므로 출근길 안전에 유의하시기 바랍니다.
5) 건물 전체가 금연 구역이므로 실내에서는 담배를 피울 수 없습니다.

연습2 1) 시작되므로
2) 도착하므로
3) 우려되므로
4) 가능하므로
5) 위험하므로

연습3 1) 건조한 날씨가 지속되므로 산불을 조심하시기 바랍니다.
2) 어린이 보호 구역이므로 속도를 줄이시기 바랍니다.
3) 상온 보관 시 상할 수 있으므로 반드시 냉장 보관하시기 바랍니다.
4) 물세탁 시 옷이 손상될 수 있으므로 반드시 드라이클리닝해 주시기 바랍니다.

21 동사(으)ㄴ/는 척하다

연습1 1) 아무렇지 않은 척한다
2) 못 들은 척했다
3) 신입생인 척하고
4) 도는 척하다가
5) 좋아하는 척했다

연습2 1) 모르는 척해
2) 손님인 척하다가
3) 못 본 척하고
4) 가는 척하면서

연습3 1) 동아리 모임에 가고 싶지 않아서 급한 일이 생긴 척했다
2) 선배와 농구하기 싫어서 다리를 다친 척했다
3) 후배와 친해지고 싶어서 컴퓨터를 잘하는 척했다
4) 레아가 만든 음식이 정말 맛없어서 많이 안 먹었으면서 배부른 척했다

22 동사(으)ㄴ/는 데다(가), 명사에다(가)

연습1 1) 룸메이트가 코를 고는 데다가 잠꼬대까지 해서 잠을 잘 못 자요.
2) 홍삼은 면역력에 좋은 데다가 몸도 따뜻하게 해 줘서 건강에 도움이 돼요.
3) 우리 반장은 리더십이 있는 데다가 유머 감각까지 좋아서 친구들에게 인기가 있어요.
4) 어제 야근을 한 데다가 감기약도 먹어서 졸음이 쏟아져요.
5) 추석은 한국의 큰 명절인 데다가 연휴도 길어서 고향에 가는 사람이 많아요.

연습2 2) 라면에다가 아이스크림
3) 내복에다가 조끼
4) 전자레인지에다가 청소기

연습3 1) 기침이 심한 데다가 열까지 나서 병원에 다녀왔어요.
2) 커피가 맛있는 데다가 가격도 저렴하거든요.
3) 하늘이 흐린 데다가 바람까지 불어서 안 가려고요.
4) 월세가 비싼 데다가 회사하고 멀어서 이사하려고요.

23 동사더니

연습1 1) 나츠미가 전화를 끊더니 지갑을 들고 나가더라고요.
2) 텔레비전을 보고 있는데 화면이 흐려지더니 꺼져 버리더라고요.
3) 레아 집에 놀러갔는데 강아지가 나를 보더니 꼬리를 흔들면서 안기더라고요.
4) 내가 계산하려고 했는데 장민이 지갑을 꺼내더니 밥값을 다 내더라고요.
5) 장민한테 무슨 일이 있었는지 바닥에 가방을 내려놓더니 인사도 하지 않고 방으로 들어가 버리더라고요.

연습2 1) 귀엽기만 하더니

모범 답안

2) 돈을 펑펑 쓰더니
3) 입에도 못 대더니
4) 웃기만 하더니
5) 집에 가더니

연습3 1) 계속 미루더니
2) 자주 싸우더니
3) 열심히 일하더니
4) 차가운 음료를 많이 마시더니

연습4 1) 서비스도 좋더니 이제 별로인 것 같아
2) 괜찮다고 하더니 속으로는 힘들었나 봐
3) 아까부터 깜박거리더니 꺼지더라고요
4) 대형 쇼핑몰이 생기더니 가게들이 하나둘 없어지더라고요
5) 슬럼프에 빠진 것 같더니 이제 몸 상태가 완전히 회복된 것 같네요

연습5 1) 시험을 잘 봤나 봐. 시험 결과를 보더니 계속 웃더라고.
2) 네. 공부하면서 아르바이트를 하는 게 힘들다고 하더니 그만뒀더라고요.
3) 네. 주말까지 많이 아프더니 쉬고 나니까 괜찮아졌어요.
4) 급한 일이 있다고 하더니 수업이 끝나자마자 가더라고.

24 동작동사 았더니/었더니

연습1 1) 저녁에 생선을 구웠더니 온 집안에 생선 냄새가 가득해요.
2) 추워서 옷을 많이 껴입었더니 활동하기가 불편해요.
3) 슬픈 영화를 보면서 울었더니 눈이 부었어요.
4) 선생님 말씀대로 단어장을 사용했더니 단어를 외우기가 쉬워요.
5) 작은 차를 몰고 다니다가 큰 차로 바꿨더니 기름값이 많이 들어요.

연습2 1) 물어봤더니
2) 말했더니
3) 봤더니
4) 알아봤더니

연습3 1) 한국 TV프로그램을 자주 봤더니 한국어 듣기 실력이 많이 향상된 것 같아.
2) 점심을 좀 늦게 먹었더니 별로 배가 고프지 않네요.
3) 네. 요가를 했더니 전보다 몸이 훨씬 가벼워졌어요.
4) 친구들한테 등산을 가자고 했더니 다들 등산은 힘들어서 싫다고 하더라고.

25 명사 에 달리다

연습1 1) 성능
2) 배려
3) 생활 습관
4) 내용
5) 능력

연습2 1) 누가 끓이느냐
2) 어떻게 공부하느냐
3) 배우가 연기를 얼마나 잘하느냐
4) 어떻게 마음먹느냐

연습3 1) 노력에 달렸잖아요
2) 음식 맛에 달렸잖아
3) 자신감에 달려 있어요
4) 비가 얼마나 오느냐에 달린 것 같아요
5) 시험 결과에 달려 있으니까

26 동사 (으)ㄹ 정도로

연습1 1) 그 호수는 바닥이 보일 정도로 맑고 깨끗해요.
2) 이미래는 국민 가수라고 불릴 정도로 대중들에게 인기가 많아요.
3) 지하철에서 넘어져서 얼굴이 빨개질 정도로 부끄러웠어요.
4) 우리 할머니는 실제 나이를 믿기 힘들 정도로 피부가 고와요.
5) 내 친구는 곤충에 대해서 모르는 게 없을 정도로 많이 알고 있어요.

연습2 1) 앞이 안 보일 정도예요
2) 쓰러질 정도예요
3) 귀가 아플 정도예요
4) 눈물이 날 정도예요

연습3 1) 불이 날 정도로
2) 하늘을 날 정도예요
3) 배가 터질 정도로
4) 발 디딜 틈이 없을 정도였어요

27 명사 (으)로 인해(서)

연습1 1) 폭설로 인해서 출근길 시민들이 불편을 겪었습니다.
2) 음주 운전으로 인해서 하루 평균 58건의 교통사고가 발생한다고 합니다.
3) 잘못된 식습관으로 인해서 위염에 걸리는 사람이 늘고 있다고 합니다.
4) 일회용 컵 사용 제한으로 인해 텀블러가 인기를 얻고 있습니다.
5) 정부의 적극적인 출산 정책으로 인해 15년 만에 출산율이 늘었습니다.

연습2 1) 화창한 날씨로 인해
2) 지구 온난화로 인해서
3) 갈등으로 인해
4) 흡연으로 인한
5) 부주의로 인한

연습3 1) 1인 가구의 증가로 인해 소형 가전제품의 판매가 늘었습니다.
2) 스트레스로 인해 불면증에 시달리는 사람이 많다고 합니다.
3) 짙은 안개로 인해 모든 비행기의 이륙과 착륙이 중지되었습니다.
4) 드라마의 인기로 인해 주인공의 패션을 따라 하는 사람들이 늘고 있다고 합니다.

28 명사 은커녕/는커녕

연습1 2) 차량은커녕
3) 해외여행은커녕
4) 시험공부는커녕
5) 인사는커녕

연습2 2) 살이 빠지기는커녕
3) 피로가 풀리기는커녕
4) 고백을 하기는커녕
5) 비가 오기는커녕

연습3 1) 예습은커녕 숙제도 잘 안 해 와요.
2) 된장찌개는커녕 라면도 잘 못 끓여.
3) 점심 식사는커녕 커피도 한 잔 못 마셨어요.
4) 만 원은커녕 천 원도 없어.

29 동작동사 기에(는)

연습1 1) 이 물은 커피를 타기에는 온도가 낮아요.
2) 이 차는 성인 다섯 명이 타기에는 좁을 것 같아요.
3) 지금은 교수님께 전화를 드리기에는 너무 늦었어요.
4) 이 문법은 초급 학생이 배우기에는 어려워요.
5) 이 소설은 영화로 제작하기에는 비용이 너무 많이 들어요.

연습2 1) 10만 원은 친구와 영화를 보고 저녁을 먹기에는 충분해요.
10만 원은 제가 사고 싶은 운동화를 사기에는 부족해요.
2) 밤 10시는 자기에는 이른 시간이에요.
밤 10시는 밥을 먹기에는 늦은 시간이에요.
3) 여기는 혼자 살기에는 적당해요.
여기는 가족과 함께 살기에는 적당하지 않아요.
4) 2박 3일은 부산 여행을 가기에는 짧지 않아요.
2박 3일은 해외여행을 가기에는 짧아요.

연습3 1) 끝내기에는 시간이 부족할 것 같아
2) 공부하기에 좋거든요
3) 아주 추운 날씨에 입기에는 좀 얇거든
4) 마시기에는 뜨거워

5) 둘이 살기엔 좁아서

30 동사 던데

연습1 1) 건물 앞에 방송국 차가 있던데 드라마 촬영을 하고 있나 봐요.
2) 집 앞에 눈이 많이 쌓여 있던데 넘어지지 않게 조심해서 가.
3) 경복궁 야간 개장이 볼 만하던데 시간 내서 한번 가 보세요.
4) 엘리베이터를 점검 중이던데 언제쯤 점검이 끝날까요?

연습2 2) 고장 났던데
3) 떨어졌던데
4) 다녀왔던데
5) 품절됐던데

연습3 1) 춤을 정말 잘 추던데
2) 레아가 하루 종일 아무것도 안 먹던데
3) 사거리에 있는 식당에 사람들이 줄을 서서 기다리던데
4) 얼마 전에 준서가 새 노트북을 샀던데

연습4 1) 일기 예보에서 오늘은 바람이 많이 불고 일교차가 심하다고 하던데 따뜻하게 입으세요.
2) 자이트 씨는 아침마다 집 근처 공원에서 조깅을 한다고 하던데 정말 부지런한 것 같아요.
3) 루카스가 시간 되면 같이 대학로에서 연극을 보자고 하던데 너도 같이 갈래?
4) 선생님께서 다음 주에 발표 수업이 있으니까 준비해 오라고 하시던데 우리는 언제 모일까요?

연습5 1) 상진 씨가 운동을 자주 하던데 운동화는 어때요?
2) 저 옷 가게에서 예쁜 옷을 많이 팔던데 한번 가 보세요.
3) 내가 지난주에 간 레스토랑 분위기가 좋던데 소개해 줄까?
4) 생각보다 별로 안 덥고 음식도 입맛에 잘 맞던데요.

31 동사 았더라면/었더라면

연습1 1) 면접 준비를 철저히 했더라면 대답을 더 잘했을 텐데.
2) 미리 자료를 읽고 수업을 들었더라면 내용을 이해하기 쉬웠을 텐데.
3) 차를 두고 대중교통을 이용했더라면 약속 시간에 늦지 않았을 거예요.
4) 날씨가 그렇게 덥지 않았더라면 여행이 더 재미있었을 거야.
5) 오늘이 이반과 공부하는 마지막 날인 줄 알았더라면 작은 선물이라도 준비했을 텐데.

연습2 1) 룸메이트가 깨워 주지 않았더라면 기차를 놓쳤을 거예요.
2) 주변에 있던 사람들이 도와주지 않았더라면 길을 쉽게 찾을 수 없었을 거예요.
3) 부모님의 사랑과 가르침이 없었더라면 바르게 성장할 수 없었을 거예요.
4) 비슷한 상황의 사람들과 고민을 나누지 않았더라면 우울증을 극복하지 못했을 거예요.

연습3 1) 찾아왔더라면
2) 갔더라면
3) 했더라면
4) 막힐 줄 알았더라면

32 동사 (으)ㄴ/는/(으)ㄹ 모양이다

연습1 2) 큰 사고가 난 모양이에요
3) 밤을 새운 모양이에요
4) 심하게 다툰 모양이에요
5) 불참하실 모양이에요

연습2 1) 면접생들이 몸을 떠는 걸 보니 많이 긴장한 모양이이에요.
2) 아기가 웃고 있는 걸 보니 기분이 좋은 모양이에요.
3) 이반이 짐을 싸는 걸 보니 여행을 갈 모양이에요.
4) 장민이 멋을 내는 걸 보니 오늘 소개팅을 하는 모양이에요.

연습3 1) 한국어 공부를 열심히 한 모양이에요.

2) 김이 외국인들의 입맛에도 맞는 모양이에요.
3) 근처에서 큰 사고가 난 모양이네요.
4) 요즘 시험 기간인 모양이에요.

활동 식당 앞에 줄이 긴 걸 보니까 맛집인 모양이에요.
케이크를 고르고 있는 걸 보니까 생일 파티에 갈 모양이에요.
음식에서 김이 나는 걸 보니까 지금 막 나온 모양이에요.

33 동작동사 (으)ㄴ 채(로)

연습1 1) 깜빡하고 가스 밸브를 잠그지 않은 채로 외출했어요.
2) 정신이 없어서 휴대폰을 손에 든 채로 휴대폰을 찾았어요.
3) 새로 산 모자의 가격표도 떼지 않은 채로 쓰고 나갔어요.
4) 늦잠을 자는 바람에 머리도 못 감은 채로 급하게 출근했어요.
5) 통화하다가 열차 안에 가방을 놓아둔 채로 지하철에서 내렸어요.

연습2 1) 넣은 채로
2) 꼰 채로
3) 든 채로
4) 가리지 않은 채로

연습3 1) 낀 채로
2) 끄지 않은 채로
3) 입은 채로
4) 고개를 숙인 채로

34 명사 에 따르면

연습1 1) 신문 기사에 따르면 한국인의 건강 수명은 약 70세라고 합니다.
2) 뇌 과학자에 따르면 수업을 들을 때 손 글씨를 쓰는 것이 기억력과 이해도를 높인다고 합니다.
3) 통계청 자료에 따르면 한국 사람이 가장 선호하는 색은 파란색이라고 합니다.
4) 환경부 통계에 따르면 미세 먼지로 인한 호흡기 질환자가 작년에 비해 30% 더 늘었다고 합니다.
5) 미국의 한 대학 연구에 따르면 연초에 세운 계획이 성공할 확률이 8%밖에 되지 않는다고 합니다.

연습2 1) 정부 발표에 따르면
2) 문화재 보호법에 따르면
3) 방송국 관계자에 따르면
4) 인천 공항 통계에 따르면
5) 여론 조사 결과에 따르면

연습3 1) 연구 결과에 따르면 스마트폰을 가까이에 둘수록 학생들의 집중력이 떨어졌다고 합니다.
2) 통계청 자료에 따르면 2015년부터 도시락 판매가 계속 증가하고 있다고 합니다.

활동 OECD 발표에 따르면 한국인의 수면 시간은 6시간 45분으로 성인 권장 수면 시간인 7~9시간에 비해 부족한 것으로 나타났다. 이러한 수면 부족은 건강에도 안 좋은 영향을 미친다. 경희의료원에 따르면 수면 시간이 부족할수록 고혈압, 비만, 우울증 등에 걸릴 확률이 높아진다고 한다.

35 동작동사 는 데

연습1 1) 요가는 자세를 교정하는 데 좋아요.
2) 마늘은 암을 예방하는 데 효과가 있어요.
3) 의식주는 사람이 살아가는 데 반드시 필요해요.
4) 바둑을 두는 것은 집중력을 기르는 데 도움이 돼요.
5) 걱정만 하는 것은 문제를 해결하는 데 도움이 되지 않아요.

연습2 1) 이해하는 데
2) 말리는 데
3) 내는 데
4) 손질하는 데
5) 치료하는 데

연습3 1) 기분 전환을 하는 데
2) 잠을 자는 데
3) 밥 먹고 외출 준비를 하는 데
4) 학교에서 밥 먹고 차 마시는 데

모범 답안

36 동사 (으)ㄴ/는 탓에, 명사 탓에

연습1 1) 용기가 부족한 탓에 좋아하는 사람에게 말도 잘 못해요.
2) 시계를 잘못 본 탓에 기차를 놓쳤어요.
3) 요즘 경기가 안 좋은 탓에 가게를 찾는 손님이 줄었어요.
4) 약속 장소를 착각한 탓에 모임에 늦게 도착할 것 같아요.
5) 요즘 출장을 자주 가는 탓에 시간 내기가 어려워요.

연습2 1) 어려운 가정 형편 탓에
2) 부담스러운 가격 탓에
3) 예민한 성격 탓에
4) 극심한 가뭄 탓입니다

연습3 1) 시간이 부족한 탓에
2) 잦은 야근 탓에
3) 파마를 자주 한 탓에
4) 사람이 많은 탓에
5) 운동을 너무 많이 한 탓에

37 동사 (으)ㄹ 뿐(이다), 명사 뿐이다

연습1 1) 이 여행 가방은 예쁘기만 할 뿐 실용적이지는 않다.
2) 10살 된 아이는 물건을 어지르기만 할 뿐 정리하지는 않는다.
3) 동생은 매일 운동을 하겠다고 결심만 할 뿐 실천은 하지 않는다.
4) 이번에 새로 나온 제품은 디자인만 바뀌었을 뿐 기능은 전에 나온 제품과 별 차이가 없다.
5) 토론자들은 입시 정책에 대한 문제점만 이야기했을 뿐 구체적인 입시 방안은 제시하지 못했다.

연습2 1) 가족의 건강뿐이야
2) 부모님뿐이야
3) 아무것도 안 하고 쉬는 것뿐이야
4) 잘하는 운동, 축구뿐이야

연습3 2) 욕심일 뿐이다
3) 과정일 뿐이다
4) 모를 뿐이다
5) 감소했을 뿐이다

연습4 2) 어깨뿐만 아니라 팔꿈치
3) 신체 건강뿐만 아니라 정신 건강
4) 공기업뿐만 아니라 일반 기업
5) 대학생뿐만 아니라 지역 주민

연습5 1) 바다 경치도 아름다울 뿐만 아니라 숙소도 해수욕장에서 가깝더라고.
2) 운동도 많이 될 뿐만 아니라 볼링을 치고 나면 스트레스도 풀리더라고.
3) 월세가 싸서 이사하긴 했는데 방도 좁을 뿐만 아니라 학교에서 멀어서 좀 불편해요.
4) 친구들에게 친절하게 대할 뿐만 아니라 유머 감각도 있어서 인기가 많아요.

38 명사 치고, 명사 치고(는)

연습1 1) 틀린 말은 없다
2) 재미없는 영화는 없다
3) 이 커피숍에 안 와 본 사람은 없다
4) 어렵지 않다고 한 사람은 없다

연습2 1) 그 식당에서 파는 음식치고 맛없는 음식이 없어요.
2) 새로 나온 가전제품치고 기능이 다양하지 않은 제품이 없어요.
3) 요즘 대학생치고 카메라 앱을 사용하지 않는 사람이 없어요.
4) 서울을 방문하는 외국인 관광객치고 명동에 안 가는 사람이 없어요.

연습3 1) 무겁다
2) 잘 그렸다
3) 운전을 잘한다
4) 나이가 어리다

연습4 1) 기숙사치고는 시설이 좋아서 계속 살 계획이에요
2) 퇴근 시간치고는 별로 많지 않았어요
3) 중학생치고는 키가 좀 커요
4) 처음 만든 것치고는 잘 만들었네요

모범 답안

39 명사 을/를 통해(서)

연습1 2) 인터넷 방송을 통해 해외에서 열리는 스포츠 경기를 볼 수 있다.
3) 네티즌의 투표를 통해 예능 프로그램 '퀴즈쇼'가 인기 프로그램으로 선정되었다.
4) 간단한 혈액 검사를 통해 암을 진단할 수 있게 되었다.
5) 2박 3일간의 캠프를 통해 학생들은 협동심을 배울 수 있었다.

연습2 1) 라디오 방송을 통해 그 노래의 숨은 이야기가 소개되었다.
2) 서류 심사와 면접을 통해 신입 사원을 선발할 예정이다.
3) 한국 드라마를 통해 한국 문화를 이해할 수 있게 되었다.
4) 아르바이트를 통해서 사회 경험도 쌓고 다양한 사람들도 만날 수 있었다.

연습3 1) 스트레스를 풀 수 있습니다
2) 자신의 일상을 공유하고 있습니다
3) 수상 소감을 밝혔습니다
4) 건강 상태를 알 수 있습니다

40 동작동사 아/어 가다/오다

연습1 2) 앞으로 시민 여러분 모두가 행복한 도시를 만들어 가겠습니다.
3) 어렸을 때부터 음악에 관심이 많아 밴드 활동을 해 왔습니다.
4) 이제부터 어려운 사람들을 위해 애쓰신 선생님의 깊은 뜻을 따라가겠습니다.
5) 지난 5년간 우리 팀에서는 신제품 개발을 위해 소비자의 요구를 분석해 왔습니다.

연습2 1) 전해져 온
2) 만들어 가겠습니다
3) 배워 왔습니다
4) 노력해 왔으니

연습3 1) 와 가니까
2) 끝나 가네
3) 모아 왔어
4) 기다려 왔는데
5) 알아 가려고

41 동사 길래

연습1 1) 마트에 갔다가 싱싱한 바닷가재가 눈에 띄길래 한 마리 사 왔어요.
2) 밖에 나갔더니 생각보다 날씨가 좀 쌀쌀하길래 겉옷을 하나 더 입었어.
3) 장민 씨가 캠핑 때 쓸 텐트하고 침낭이 필요하다고 하길래 빌려줬어요.
4) 대학교 때 같이 동아리 활동을 한 후배가 회사에 찾아왔길래 밥 한 끼 사 줬어.
5) 강남에 일이 있어서 갔다가 친구가 운영하는 식당이 그 근처에 있길래 잠깐 들렀어.

연습2 1) 오늘 누구를 만나길래
2) 무슨 일이 있길래
3) 얼마나 연습했길래
4) 얼마나 다쳤길래

연습3 1) 문이 닫혔길래
2) 짐을 들고 가시길래
3) 한다고 하길래
4) 뭐가 들었길래
5) 뭘 했길래

42 명사 마저, 명사 조차

연습1 2) 휴대폰마저
3) 버스마저
4) 집마저
5) 습도마저

모범 답안

연습2 2) 기운조차
3) 케이블카조차
4) 상상조차
5) 이름조차

연습3 2) 앉아 있기조차
3) 읽을 수조차
4) 눈을 뜰 수조차
5) 서 있기조차

연습4 1) 쉬운 인사말조차 기억이 안 나요.
2) 긴장해서 제대로 자기소개도 못 한 데다가 질문에 대답마저 잘 하지 못했어요.
3) 그래서 제대로 걸을 수조차 없을 것 같아.

43 동사 거든

연습1 1) 다시 한국에 방문하거든 저한테 꼭 연락하세요.
2) 회의에 참석하기 어려우시거든 미리 알려 주세요.
3) 일이 많아서 혼자 하기 힘들거든 동료에게 부탁해 보세요.
4) 약을 먹어도 열이 안 떨어지거든 병원에 가서 진료를 받으세요.
5) 다음 달 초에 휴가를 낼 수 있거든 부산국제영화제에 같이 가자.

연습2 1) 필요하거든
2) 가렵거든
3) 안 드셨거든
4) 주문하려거든

연습3 1) 응. 집에 도착하거든 연락해.
2) 계속 아프거든 안약을 넣어 봐.
3) 비행기표가 없거든 배를 타고 가 보세요.
4) 그래. 힘든 일이 생기거든 언제든 연락해.

44 동사 듯(이)

연습1 1) 나츠미는 마치 갓난아이를 안듯이 조심스럽게 새끼 고양이를 안아 줬어요.
2) 비행기 조종사들이 게임을 하듯이 컴퓨터로 비행 훈련을 한다고 해요.
3) 장민은 화가 나서 점원에게 따지듯이 말했어요.
4) 루카스는 선생님을 보자마자 도망치듯이 허둥지둥 밖으로 나갔어요.
5) 폭설로 인해 도로 위의 차들이 기어가듯이 천천히 움직여요.

연습2 2) 사람마다 외모가 다르듯이 성격도 모두 다르다.
3) 추운 겨울이 가면 봄이 오듯이 힘든 일을 견디고 나면 좋은 일이 생길 것이다.
4) 나이가 들면 이곳저곳 아프듯이 기계도 오래 사용하면 자주 고장이 난다.

연습3 1) 비 오듯이
2) 물 쓰듯이
3) 밥 먹듯이
4) 불 보듯이

연습4 1) 진행됐고요
2) 자연스럽게 이야기해서 너무 부러워
3) 벚꽃이 떨어지는 모습이 정말 아름답더라고요
4) 침대에 누워서 잤어

45 동작동사 (으)ㄹ걸 (그랬다)

연습1 2) 도전할걸 그랬어요
3) 찾아뵐걸 그랬어요
4) 반납할걸 그랬어요
5) 챙겨 갈걸 그랬어요

연습2 1) 그냥 집에 있을걸 그랬어요.
밖에 나가지 말걸 그랬어요.
2) 편한 신발을 신을걸 그랬어요.
구두를 신지 말걸 그랬어요.
3) 일찍 잘걸 그랬어요.
축구 경기를 보지 말걸 그랬어요.
4) 삼겹살을 시킬걸 그랬어요.
갈비를 먹지 말걸 그랬어요.

연습3 1) 살걸 그랬어
2) 갈걸 그랬네

3) 더 일찍 배울걸 그랬어요
4) 사업을 시작하지 말걸 그랬어요
5) 충전기를 가져올걸

46 동작동사 고 말다

연습1 2) 벗겨지고 말았어요
3) 이루고 말았다
4) 지고 말았다
5) 화내고 말았어

연습2 1) 장학금을 받고 말 거야
2) 책을 50권 이상 읽고 말겠어
3) 대학원에 입학하고 말겠어요
4) 내 집을 마련하고 말겠어요
5) 한국에서 취직을 하고 말 거예요

연습3 1) 잡고 말 거야
2) 울고 말았어
3) 걸리고 말았어요
4) 소리를 지르고 말았어
5) 만들고 말겠습니다

47 동작동사 (으)ㄴ 결과

연습1 1) 1인당 커피 소비량이 늘어난 결과 일회용품의 사용이 증가했다.
2) 관련 분야의 경력을 꾸준히 쌓은 결과 원하는 직장으로 옮길 수 있게 되었다.
3) 세계적으로 한국이 널리 알려진 결과 한국어에 대한 관심도 높아졌다.
4) 반려동물을 키우는 사람들이 증가한 결과 관련 분야의 직업도 다양해졌다.
5) 영국에서 교실 내 휴대폰 사용을 금지한 결과 학생들의 성적이 6.4% 상승했다.

연습2 1) 조사한 결과
2) 실험한 결과
3) 비교한 결과
4) 분석한 결과

연습3 1) 미술 치료를 실시한 결과
2) 주 4일 근무제를 도입한 결과
3) 사고의 원인을 조사한 결과
4) 사용자들의 의견을 들어본 결과
5) 좋아하는 간식에 대해 질문한 결과

48 동사 아야지/어야지

연습1 1) 영화는 내용이 좋아야지 출연 배우가 유명하다고 해서 흥행하는 건 아니야.
2) 건강은 건강할 때 지켜야지 나중에 후회해도 소용없어요.
3) 좋은 기회가 왔을 때 잡아야지 놓치면 후회할 거야.
4) 다른 사람의 부탁을 거절할 줄도 알아야지 그렇게 다 들어주면 안 돼.
5) 혼자 해결하기 힘든 문제가 있으면 말을 해야지 왜 혼자서 힘들어해?

연습2 1) 끝까지 노력해야지
2) 돈을 아껴 써야지
3) 미리 알려 줘야지
4) 일을 다 끝내야지

연습3 1) 시험에 합격하려면 열심히 공부해야지 계속 공부하지 않다가는 시험에 불합격할 거야.
2) 여행을 가려면 돈을 모아야지 이렇게 함부로 돈을 쓰다가는 여행을 못 가게 될 수도 있어요.
3) 건강을 유지하려면 술을 끊어야지 계속 마시다가 보면 건강이 나빠질 거야.
4) 좋은 집을 구하고 싶으면 직접 집을 보러 가야지 인터넷 사진만 보고 계약하면 안 돼요.

49 동사 (는/ㄴ)다고

연습1 1) 레아 씨가 속이 안 좋다고 점심을 굶었어요.
2) 형은 일이 적성에 맞지 않는다고 회사를 그만뒀어요.
3) 친구가 얼마 전에 이사를 했다고 집 구경하러 오라고 했어요.
4) 첸 씨가 필요한 서류가 안 보인다고 서랍을 다 뒤졌어요.
5) 사장님께서 요즘 장사가 잘 안된다고 한숨을 쉬셨어요.

모범 답안

연습2 1) 부모님 선물을 산다고
2) 여권을 재발급받는다고
3) 면접을 본다고
4) 해외여행을 간다고

연습3 1) 갑자기 급한 일이 생겼다고
2) 배가 고프다고
3) 새로운 계약을 한다고
4) 어학연수를 간다고
5) 졸업하는 친구에게 준다고

50 동사(으)ㄴ/는 셈이다

연습1 1) 지나간 셈이다
2) 시청한 셈이다
3) 고향인 셈이다
4) 자녀가 없는 셈이다
5) 현금을 받지 않는 셈이다

연습2 1) 먹은 셈이야
2) 거의 안 하는 셈이에요
3) 맞은 셈이에요
4) 거의 공짜인 셈이야

연습3 1) 거의 다 가는 셈이에요
2) 거의 다 끝난 셈이에요
3) 두 배나 오른 셈이야
4) 3만 명 가까이 증가한 셈입니다

활동 우리 학교 졸업생들의 단과 대학별 취업률에 대해 조사한 결과 의대의 취업률이 가장 높은 것으로 나타났습니다. 의대 졸업생의 취업률은 96.3%로 나타났으므로 의대를 졸업한 학생들은 거의 모두 취업을 한 셈입니다. 반면에 음대 졸업생의 취업률은 25.2%로 나타났습니다. 따라서 의대 졸업생의 취업률이 음대 졸업생의 취업률에 비해 4배 가까이 높은 셈입니다.

문법 색인

활동지

배가 고파서 라면을 끓이려고요.	옷을 맡기러 세탁소에 가는 길이에요.	가수 OO의 콘서트 표를 예매하려고요.
목이 말라서 물을 마시러 가려고요.	마트에서 장 보고 있어요.	내일이 친구 생일이어서 선물로 줄 화장품을 고르는 중이에요.
백화점에 겨울 코트를 사러 왔어요.	너무 졸려서 커피를 마시러 나갈까 해요.	오늘 학교에 못 가서 친구에게 오늘 수업에 대해 물어보려고요.
고향 음식이 먹고 싶어서 만들고 있어요.	약속이 있어서 홍대에 가요.	중국집에 전화해서 자장면을 시킬 거예요.
여행 가서 묵을 호텔 가격을 알아보고 있어요.	오랜만에 서점에 가서 소설책을 읽으려고요.	발표 준비를 하려고 도서관에 가고 있어요.

활동지

거북이가 기어가듯이 느리게 기어가요.

토끼가 뛰듯이 깡충깡충 뛰어요.

치타가 달리듯이 빠르게 달려요.

아이가 걷듯이 귀엽게 걸어가요.

선생님이 가르치듯이 자세하게 설명해요.

물개가 헤엄치듯이 수영을 잘해요.

MEMO

MEMO